苏州大学专项经费项目

柴念东 编著

柴德赓图志

辦香终不负此生

商务印书馆
The Commercial Press
创于1897

图书在版编目(CIP)数据

瓣香终不负此生：柴德赓图志 / 柴念东编著. —北京：商务印书馆，2023
ISBN 978-7-100-21840-5

Ⅰ.①瓣… Ⅱ.①柴… Ⅲ.①柴德赓（1908-1970）—传记—图集 Ⅳ.①K825.81-64

中国版本图书馆CIP数据核字（2022）第216431号

权利保留，侵权必究。

瓣香终不负此生
柴德赓图志

柴念东　编著

商 务 印 书 馆 出 版
（北京王府井大街36号　邮政编码100710）
商 务 印 书 馆 发 行
北京富诚彩色印刷有限公司印刷
ISBN 978–7–100–21840–5

2023年3月第1版	开本 710×1000 1/16
2023年3月第1次印刷	印张 15

定价：168.00元

1933年柴德赓北平师范大学毕业照

借用苏州天平山青峰亭石刻（柴德赓字青峰）

目录

前言

/001 第一章
出生及求学 | 1908—1933

/023 第二章
教学与研究 | 1933—1944

/055 第三章
南渡至白沙 | 1944—1946

/087 第四章
北归返师门 | 1946—1952

/129 第五章
任教北师大 | 1952—1955

/143 第六章
姑苏十六年 | 1955—1970

/203 第七章
身后有青峰 | 1970—2021

启功赠柴德赓的画

前言

编写《瓣香终不负此生——柴德赓图志》(以下简称《图志》)的起因,是我在整理柴德赓先生留存的资料时发现有很多个人的档案素材和已经发表文章的草稿、抄稿,还有大量的家藏照片(总计千余张)。当一切逐渐成为历史,这批文献、资料和照片正是反映他全部经历的证明,将它们收集成册应该是一本很好的史料。于是,我从2021年8月起开始归纳整理,筛选删汰,终成一本。按照年代顺序选取图片资料,配以简单文字说明,于是《图志》有了第一个样本。

柴德赓一生只有62年,对于现代人来讲实在太短,我常想,评论柴德赓的学术和社会贡献,要和他同时代同龄人比较。他的朋友圈中很多人去世了,在世的后来成为大家、大师。但是查看他们的年谱,62岁前贡献如何?历史学家长寿是很重要的,晚年能将更多知识积累用于历史研究,也能修正完成年轻时的学术志向。这些柴德赓都没有,他的人生止步于1970年。

不同于柴德赓师友们已经出版的图志,本《图志》收录了柴德赓的档案、文献和照片,以便全面介绍他的一生。他不仅是位历史学家,也是位社会活动家,还是一位和蔼可亲的师长。《图志》中有他在中学时发表的第一篇文章,大学时发表的第一篇论文,任教中学的第一份聘书以及后来任助教、讲师、副教授、教授、系主任的系列聘书。我一个在博物馆工作的朋友讲:看到一份和几份聘书是容易的,能看到如此完整的系列聘书实属罕见。作为历史学家,柴德赓先生懂得档案、文献的重要性,当年有意留下这些人生经历的见证,因此我们有能力的话应该整理出来,帮他完成保留这些文献、照片的夙愿。

  为更好地编辑和整理，以让更多学者和读者通过这本《图志》看到更多柴德赓及其师友、亲属的平面图像，几年来我走访柴德赓先生一生到过的大部分地方，实地考察，时空观察，反复甄选文献、档案和照片。《图志》以年代顺序分为出生及求学、教学与研究、南渡至白沙、北归返师门、任教北师大、姑苏十六年、身后有青峰等七个部分，收录了档案、文献、笔记、背景图片和照片五百余张，绝大部分是柴德赓、陈璧子积攒保存的私人照片（其中未识别的人名图注中用"□□□"表示，特此说明），反映各个时代的风情面貌和交游实录。另借用其他书籍和网络平台照片二十余张。由于时代久远且当时的拍摄器材水平不高，所以很多照片有破损或不够清晰，编者已做了适当修复和补救，使读者尽可能看清原貌。

  图像相对于文字更具有真实性和直观性，用图片展示历史会更具体，更容易让读者接受。做一本好的图志意义就在于此。

柴念东
2021 年 11 月 8 日于苏州大学

第一章
出生及求学（1908—1933）

柴德赓祖居

诸暨五泄

出生及求学 | 1908—1933　03

《诸暨县志》：诸暨西施故里，越王勾践图谋复国之所。

秦王政二十五年（前222）设诸暨县，属会稽郡发祥地。诸暨是越文化的发祥地。（图1、图2）

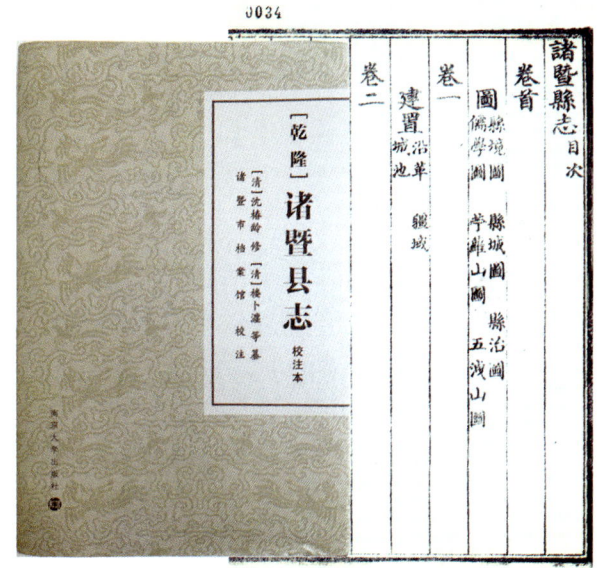

图1　诸暨县志

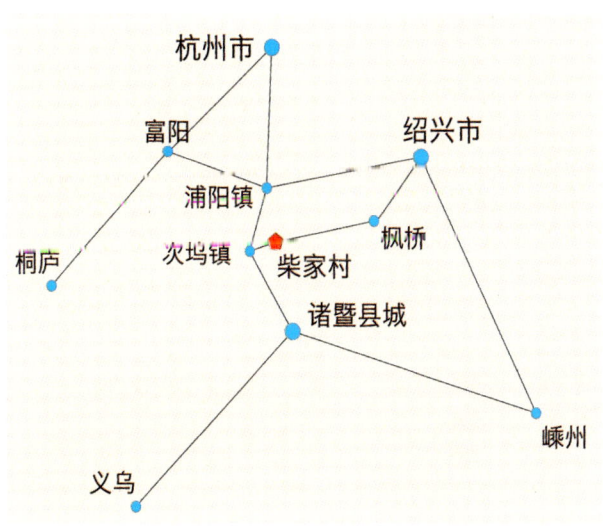

图2　诸暨位置示意
柴家村位于诸暨次坞镇，比邻萧山浦阳。

《暨阳柴氏宗谱》修谱顺序：

2014年岁次甲午，诸暨次坞镇里亭柴家村祠堂重修，《宗谱》续修。现存《宗谱》为在民国本基础上续修。据《宗谱甲册》首见续修本谱为明万历二十八年庚子（1600），后有清雍正十三年（1735）、乾隆三十三年（1768）、嘉庆七年（1802）、道光三年（1823）、咸丰九年（1859）、光绪二年（1876）、光绪二十三年（1897）、民国六年（1917）、民国三十四年（1945）多次续修。目前有民国六年、民国三十四年本，经过战乱和动乱保存至今。诸暨柴氏宗祠斯聚堂为雍正十三年（1735）所建。有清以来，柴氏宗族人丁及活动，斑斑可考，可信度高。（图3—图5）

图3　暨阳柴氏宗谱

支分派別
考洒公居江山越五世至中行公講學南溪得賢弟子三百人名成一世生二子卽伯荊公與伯茂公後卜舜江四明者謂伯荊公居暨陽黃潭者謂伯茂公其間徙居題扇橋者謂伯荊公之後嗣吾祖伯茂公居黃潭長子千一公仍居故址以下三公皆自黃潭徙居孤山爲孤山上中下宅之祖然千一生元一元一生壽三壽三生福五福五入贅里亭爲里亭始祖而里亭之廣大房復遷蕭山斜尖湖其譜則與孤山合焉且爲天樞後裔甚哉斜尖湖之大宗小宗不無差誤矣第橫山珠稼隝確是孤山分支也

暨陽里亭柴氏宗譜　卷一　文集　甲午重修　九一　九〇　斯聚堂

里居故址
淸公高柴夫子次子也字子眞始以父名爲姓是爲柴氏受姓始祖世居古朝歌地卽今河南衛輝府淇縣是越至唐紹公字嗣昌高祖尚以平陽公主家居山西汾州之汾陽縣厥後世居江南徐州豐沛之間者則自邦彥公字輔國者始也洎乎宋之中葉洒公字朝宗者乾道初以進士特授浙江衢州府江山縣令遂肇居江山爲南遷始祖然遷暨而居黃潭者解元伯茂公是也公字德盛行十二傳四世至廣愛公行福五贅里亭爲里亭始居之祖其故址之班班可考者蓋如此

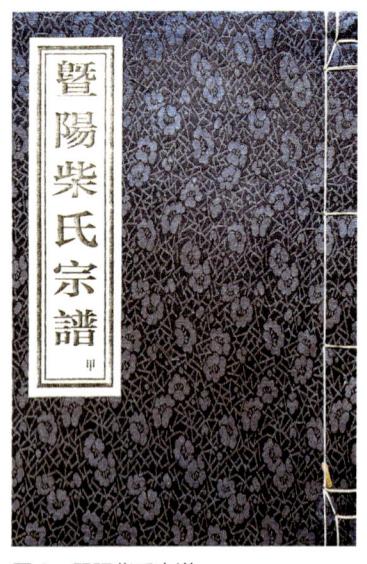

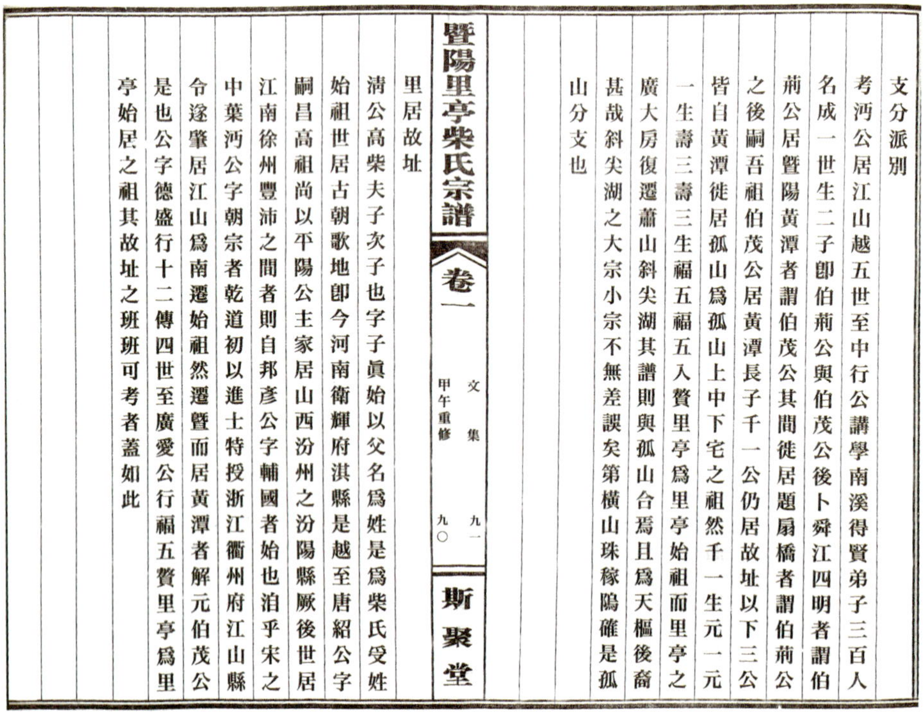

图4　2014年甲午修缮的柴氏宗谱

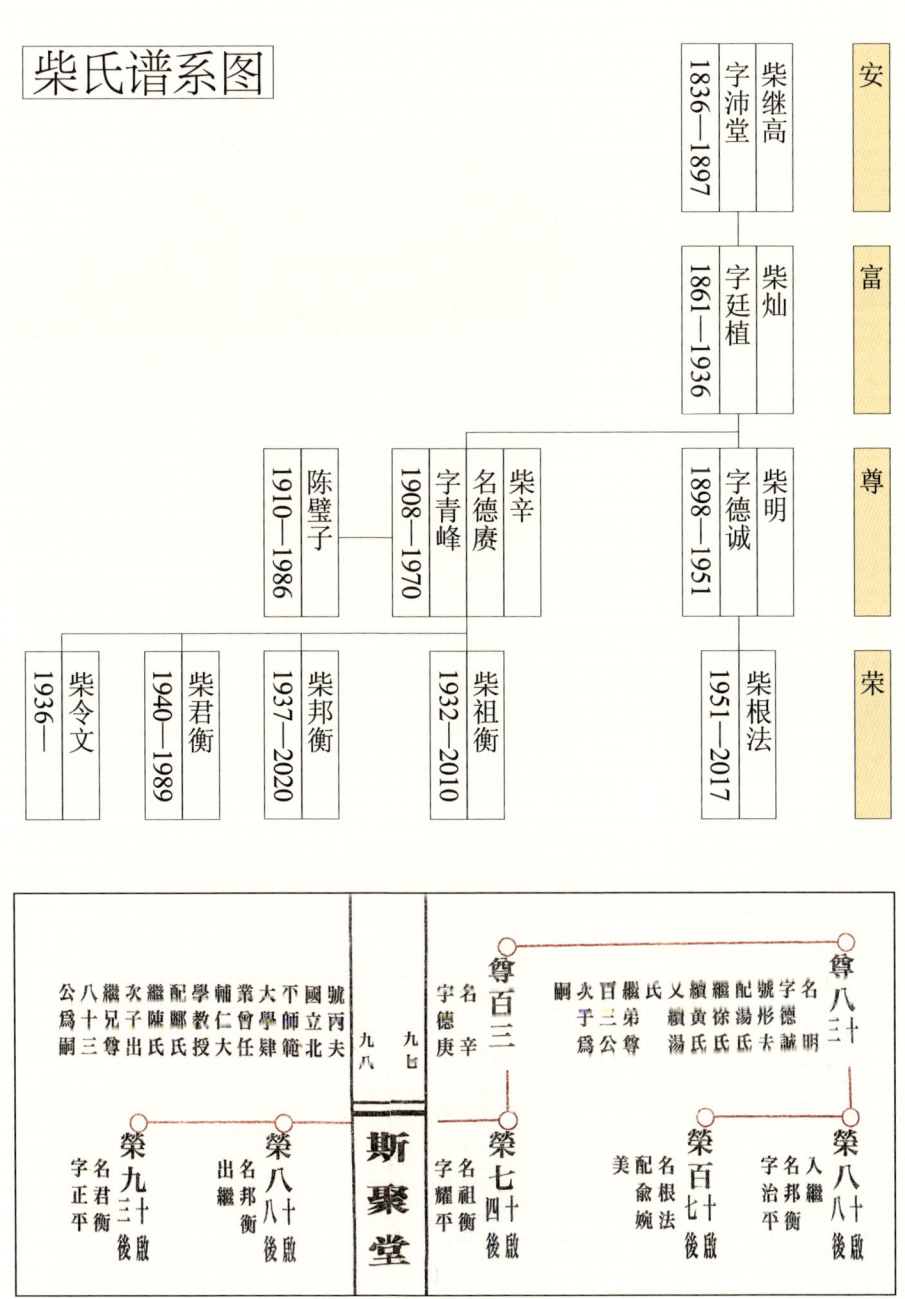

图 5　柴德赓家族谱系图
　　图片上方柴德赓的名和字是其一直沿用的，下方为族谱原样（部分）。

诸暨次坞柴氏宗祠始建于雍正十三年（1735），经历代维修一直保存。1946年后再无修葺，至2010年后坍毁多半。2013年起诸暨市、次坞镇出资以及乡亲集资重修，2015年重建落成。（图6、图7）

图6　2014年拍摄祠堂重建

图7　柴氏宗祠重建落成

1927年暑假，青峰邀我到他家小住。我拜见了廷植老伯，是一位循良的长者。他家和我家一样，都是世代耕读传家。他家有一座相当讲究的庄园，有厅房，有客室，和我家一样，大门上有"忠厚传家久，诗书继世长"等楹联。柴伯母出生于诸暨县城的望族，世代读书。（图8）

——引自尚传道《怀念青峰兄》

图8　2020年拍摄柴德赓祖居

萧山临浦镇第一小学建于清光绪三十年（1904），由汤寿潜等人发起创办"山萧临浦两等小学堂"（图9），首任堂长何丙藻。柴德赓（图10左雕像）于1920—1921年在此就读，后又于1923年在此就读初中班一年，正遇蔡东藩在此任教（图10右雕像）。临浦小学2004年建校百年时迁现址（临浦镇万安路）。图10中间为柴德赓书法石刻。

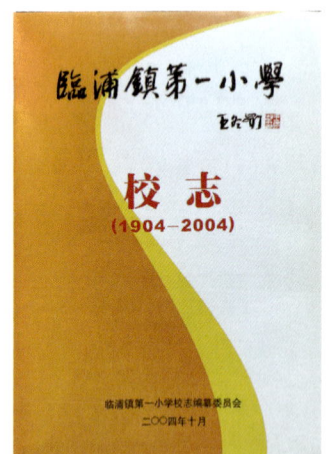

图9　2021年拍摄临浦一小校志和校门

图10　临浦一小校园雕塑

出生及求学 | 1908—1933

图 11　安定学堂校牌

图 12　安定学堂校徽

杭州安定中学始创于清光绪二十八年（1902），原名"安定学堂"，民国改校名为安定中学，现名为杭州第七中学。（图 11—图 13）学堂由胡乃麟捐资，陈叔通等人筹办，首任校长项兰生。1924—1926 年柴德赓在此读初中班二年。

图 13　2021 年拍摄杭州第七中学

安定中学校门

柴德赓于1926年9月至1929年7月在浙江省立第一中学第一部读书，图14为一中提供的同学录。

浙江省立第一中学始建于清光绪二十五年（1899），1923年与浙江省立第一师范学校（1906年建校）合并，成为浙江省立第一中学，也称"杭州一中"，校址为明清贡院。柴德赓读书时该校分为初中部、一部和二部。（图15—图19）

图14　杭州一中同学录

图15　20世纪20年代杭州一中校门

出生及求学 | 1908—1933　11

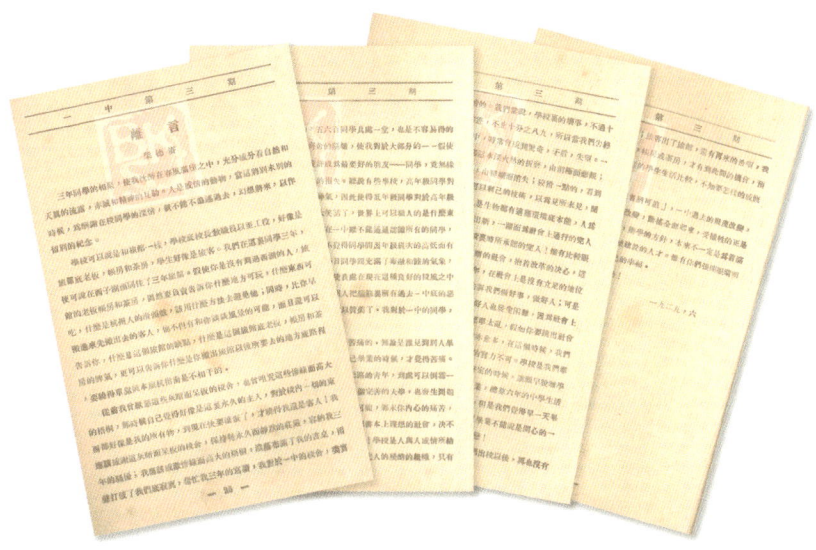

图 16　所见柴德赓首篇文章《离言》
　　　1929 年发表于《一中》第三期。

图 17　1929 年杭州学联同学合影
　　　欢送柴德赓北上投学，后排左一陈璧子、左三柴德赓。

图18 杭州一中毕业照　　图19 在杭州时的照片及照片背面附字

杭州一中校门

出生及求学 | 1908—1933　　13

陈璧子（1910—1986），湖南湘潭人。1926—1927年参加湖南大革命运动，加入共青团、共产党。"马日事变"后遭通缉，与姊陈如子化名后潜逃出湘潭，后经长沙、武汉至南昌。大革命失败后到杭州，继续读书，入学惠兴女中、杭州一中。陈璧子作为杭州学联代表与柴德赓相识。（图20—图28）其中图21为全家逃到杭州后所照。

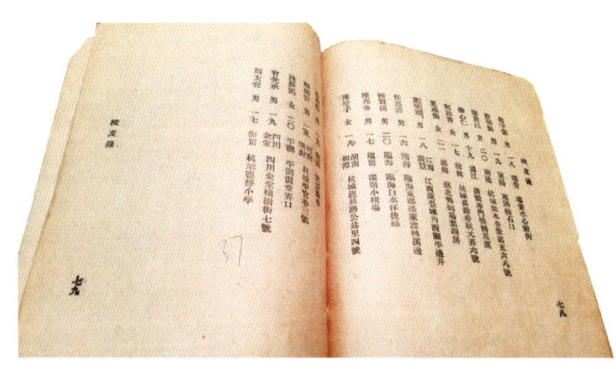

图20　杭州一中校友录
　　陈璧子地址为杭州龙兴路公益里4号。

图21　陈璧子一家于杭州
　　前排：母亲杨昭瑞、父亲陈南桢；后排左起：陈素子、陈如子、陈璧子、陈伯君、陈仲瑞。

图22 同学合影于杭州汪庄
左二陈璧子,左三柴德赓。

图23 同学合影
左一陈璧子,左三柴德赓。

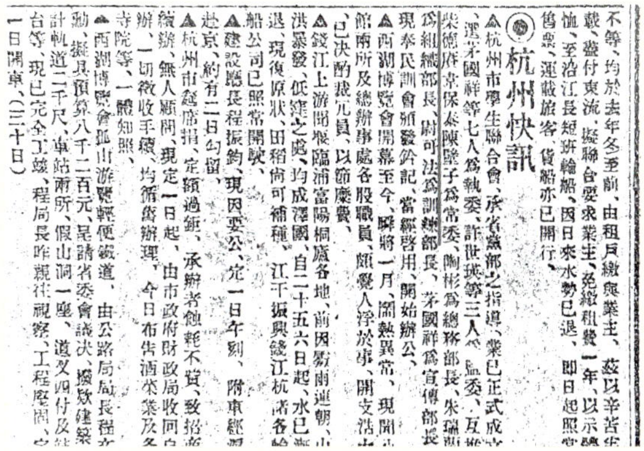

不等、均於去年冬至前、由租戶繳與業主、茲以辛苦…載、盡付東流、擬聯合要求業主、免繳租費一年、以示體恤、至沿江長短班輪船、因日來水勢已退、即日起照常售票、運載旅客、貨船亦已開行、

◎杭州快訊

▲杭州市學生聯合會、承省黨部之指導、業已正式成立、選茅國祥等七人為執委、許世璞等三人為監委、互推柴德賡陳璧子為常委、陶彬為總務部長、朱瑞…為組織部長、尉可法為訓練部長、茅國祥為宣傳部長、現奉民訓會頒發鈐記、當經啓用、開始辦公、

▲西湖博覽會開幕至今、瞬將一月、閙熱異常、現聞…館兩所及總辦事處各股職員、頗覺人浮於事、開支浩大、已決酌裁冗員、以節糜費、

▲錢江上游閩浙臨浦富陽桐廬各地、前因霪雨連朝、山洪暴發、低窪之處、均成澤國、自二十五六日起、水已漸退、現復原狀、田稻尚可補種、江干振興錢江杭諸各輪船公司已照常開駛、

▲建設廳長程振鈞、現因要公、定一日午刻、附車經滬赴京、約有二日勾留、

▲杭州市懲席捐、定額過鉅、承辦者蝕耗不貲、致招商續辦、無人顧問、現定一日起、由市政府財政局收回自辦、一切徵收手續、均循舊辦理、今日布告酒菜業及各寺院等、一體知照、

▲西湖博覽會孤山遊覽輕便鐵道、由公路局局長程…勳、擬具預算八千二百元、呈請省委會議決、撥款建築、計軌道二千尺、車站兩所、假山洞一座、道叉四付及…台等、現已完全工竣、程局長昨親往視察、工程堅固、…一日開車、(三十日)

图24 1929年7月1日《申报》

杭州学联正式成立，柴德赓、陈璧子任常务委员。

◎今日開 全國反日代表大會

▲各省市縣出席代表百餘人

▲下午二時行正式開幕禮

上海反日暴行委員會、為集中全國民衆反日大會起見、特發起全國反日團體代表大會、籌備經月、各省縣市反日團體踴躍加入、代表來滬者已百餘人、於今日下午二時、行正式開幕禮、茲將詳情分誌於下、

▲報到代表 武漢黃天煜、浙江田和卿·柴德賡·張萬銑·吳禮生、省黨部孫琳·張利楨、陝西劉介安…

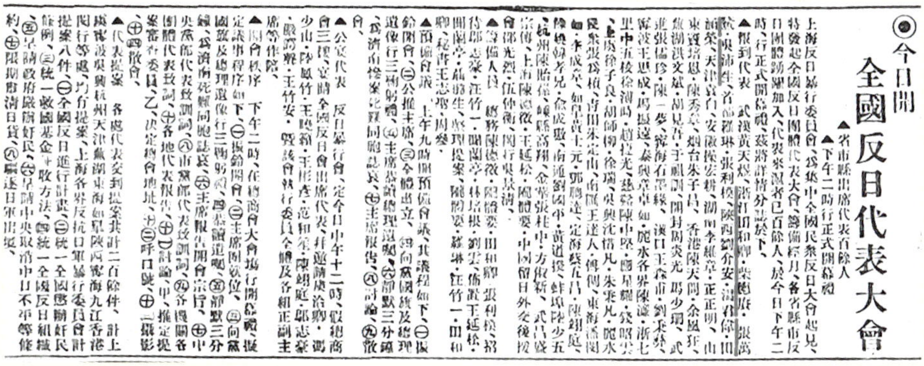

图25 1928年7月21日《申报》

柴德赓参加全国反日代表大会。

以上两图据1969年柴德赓《个人资料》。

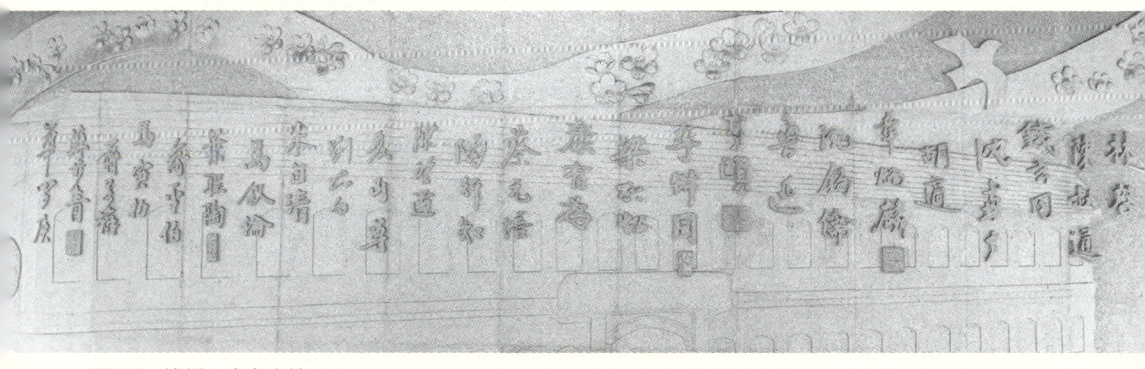

图26 杭州一中名人墙

杭州一中历史悠久，名人荟萃。

几年书剑滞湖滨，
意气消磨万火轮。
歌哭风尘谁作主，
天涯多是飘零人。

豪士风怀何处寻，
欲从空谷觅知音。
西湖春色半庸俗，
惟有梅花识我心。

——柴德赓致陈璧子诗二首

图27　1934年柴德赓与陈璧子泛舟西湖

图28　陈璧子同学合影
　　1931年陈璧子（左三）赴北平转学安徽中学，此为离杭之前拍摄。

出生及求学 | 1908—1933

青峰于一中毕业后，要投考大学，他家里不同意，不再给他学费，要他在省里找个工作，特别反对他上北京读书。但他不顾家庭阻力，自己筹措了旅费，毅然北上。到京后生了一场病，耽误了投考清华的时机，以后改考北平师范大学，被录取了。

——尚传道《怀念青峰兄》

柴德赓考取国立北平师范大学史学系，1929年8月16日《大公报》（天津）张榜，本届史学系共录取六人：张瑞昌、杨占三、柴德赓、邢晋英、陆恒庆、刘明齐。（图29、图30）

图29　20世纪20年代北平师范大学文学院
图片选自师大同学录。

图30　1929年8月16日《大公报》

1960年柴德赓日记本上有一段记录在北京曾经的住处（图31）：

1929—1933，4年；
1935—1944，10年；
1946—1955，9年。

松树胡同、余家胡同、东拴马桩、平安里、松树街、尚勤胡同、武功卫、龙头井。

此后又在北京居住三年：1962—1963，北京大学；1964—1965，福寿里；1965—1966，大翔凤胡同。

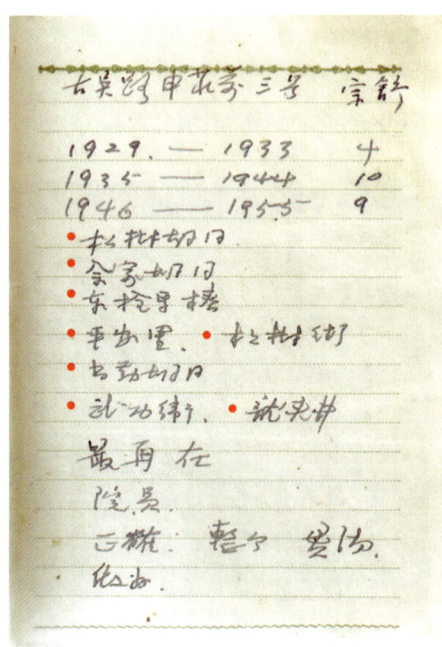

图31 柴德赓记录在北京的居住地

图32 柴德赓与陈璧子合影
1931年二人结婚，合影于中山公园。

1931年在陈垣的指导下，柴德赓写了第一篇论文《明季留都防乱诸人事迹考·上》，刊载于1931年6月北平师范大学《史学丛刊》第一期。这篇文章是秉承陈垣考据之学的经典之作。由于经费问题，《史学丛刊》第二期未能出版，因此目前没有看到此文的下篇。（图33、图34）

1930年6月，陈垣先生在他的《中国史学名著评论》课的讲稿上，写了一条批语：

十九年六月廿五日试卷，师大史系一年生柴德赓、王兰荫、雷震、李焕绽四卷极佳。

——陈智超《千古师生情（二）》

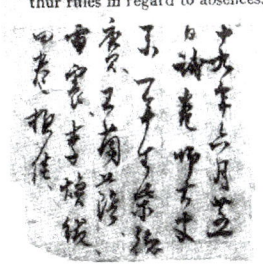

图33　陈垣评语

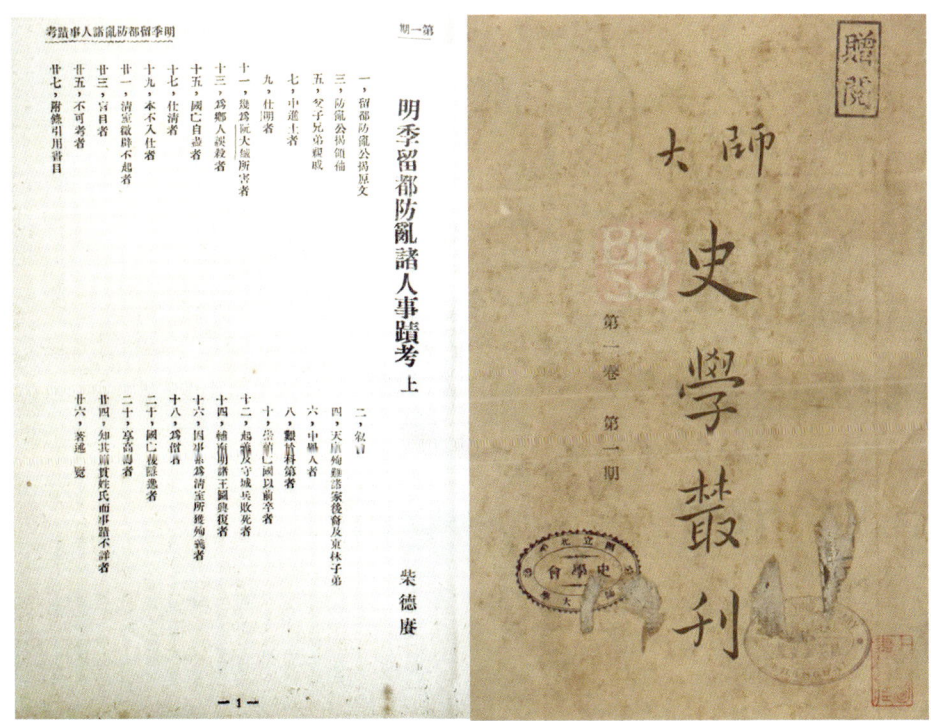

图34　师大《史学丛刊》刊载柴德赓第一篇学术论文

1929年柴德赓考入北平师范大学,陈璧子考入杭州一中,此时二人已经私定终身。

1931年陈璧子至北平与柴德赓结为伉俪,转学北平安徽中学,翌年毕业。照片背面柴德赓有记录。(图35、图36)

图35　陈璧子高中毕业照

图36　1929年同乡合影于北海画舫斋
　　左起:王守礼、柴德赓、陆宗达、王用理。四人为浙江同乡,均为北平师大同学,经常结伴出游。

柴德赓1933年夏毕业于北平师范大学史学系,上学期间因经济困难,陈垣先生为其安排在辅仁大学附属中学代国文课二年。图38为大学毕业师生合影照,图37为北平师范大学史学系毕业生同学录,此时柴德赓已经以"青峰"为字。

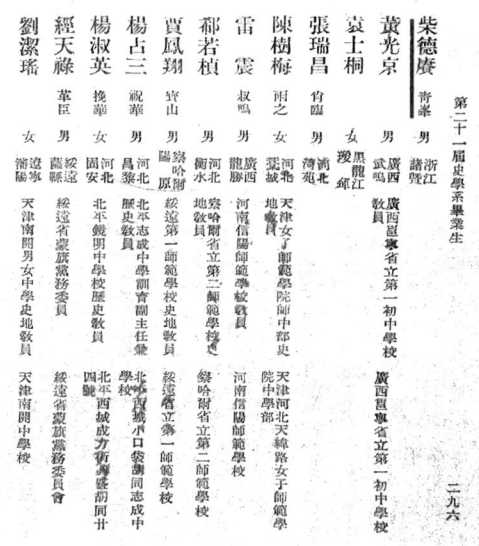

图37　1933届北平师范大学史学系同学录

图38　1933届北平师范大学史学系毕业合影
　　前排右一柴德赓,图片选自《毕业纪念册》。

应钱玄同之邀，1932年3月31日章太炎在北平师大讲学，题为《清代学术之系统》，柴德赓作记录，抄稿呈钱玄同审定，发表在《师大月报》1932年第10期。（图39）

图39　章太炎演讲记录稿

图40　1932年陈璧子在北平

图41　1933年6月11日柴德赓与陈璧子合影

第二章
教学与研究（1933—1944）

辅仁大学神父花园

辅仁大学教室

教学与研究 | 1933—1944   25

在安庆一中任教期间，柴德赓写给陈垣先生的信，这是保存下来的柴德赓书信第一通。（图1）

1933—1934年，经安徽教育厅厅长杨廉推荐，柴德赓于安庆一中任教国文。照片为1934年在安庆孔园院拍摄（图2），怀抱者为柴祖衡，1932年生于北平。

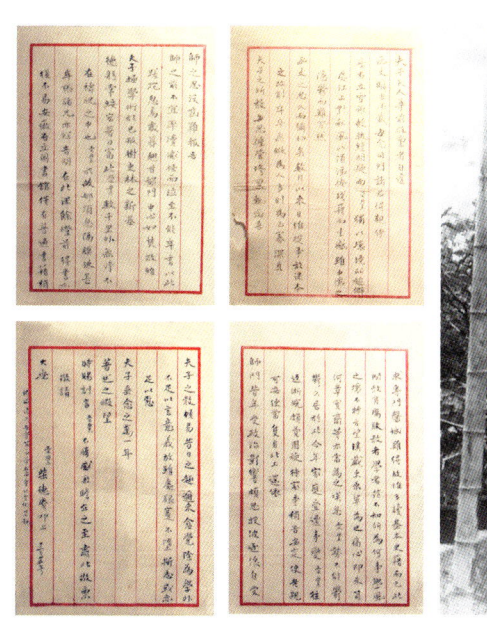

图1 柴德赓致陈垣信
　　现由私人收藏。

图2 柴德赓与柴祖衡于安庆

安庆一中校门

1934—1935年，柴德赓在杭州市立初级中学（杭州中学）任国文课教师一年。聘书为校长叶桐签发，此为保存的第一份聘约。（图3）

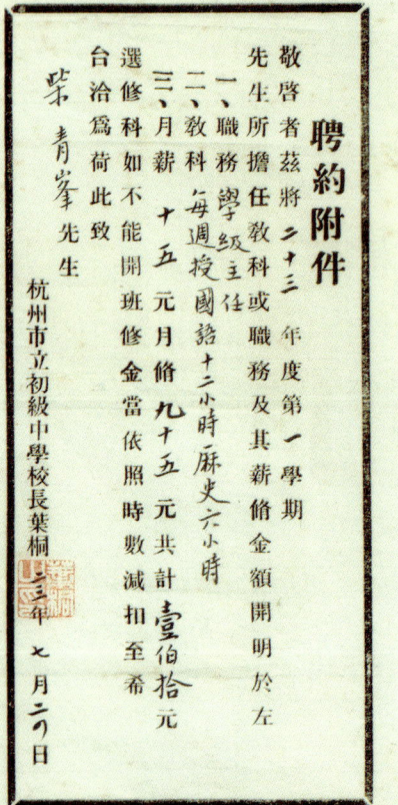

图3　杭州中学聘约及聘约上印章
现由苏州大学博物馆收藏。

1935—1936年，柴德赓返师门，在辅仁大学附属中学（辅仁附中）任教国文一年。聘书为陈垣和张怀签发，这是正式迈入辅仁的第一张证明文件。（图4—图8）

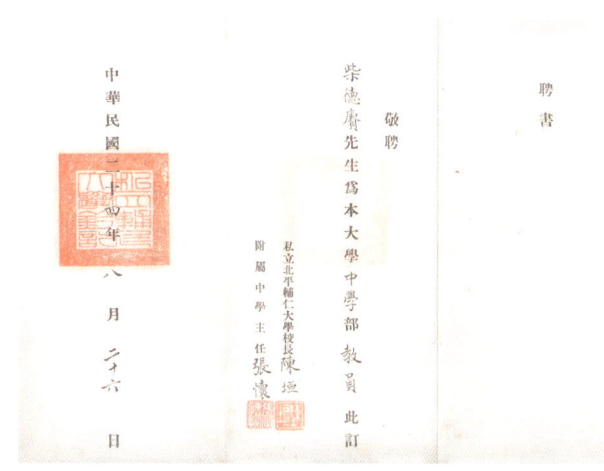

图4　辅仁附中聘书
现由苏州大学博物馆收藏。

辅仁附中校门

图5 1936年柴德赓在书房读书

图6 辅仁附中任课教师

尚勤胡同15号

图 7　1935 年于白米斜街张之洞故居合影及照片背面附字
　　左起：柴德赓、牟润孙、台静农、储皖峰。

图 8　1935 年在北平图书馆合影
　　左起：牟润孙、张鸿翔、陈垣、台静农、柴德赓、储皖峰。
　　图片选自《陈垣图志》，其年份作"1934 年"。

1936年柴德赓被聘为辅仁大学史学系助教，正式进入大学校门并开始从事史学研究。（图9）

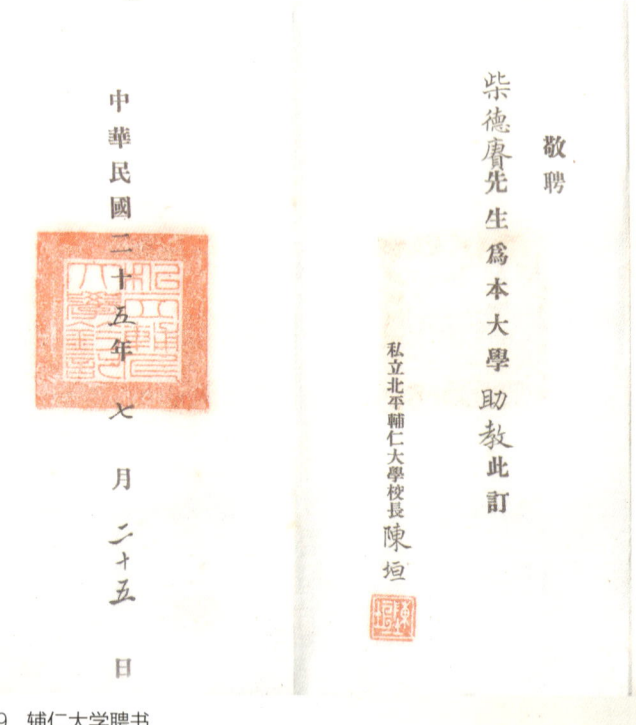

图9　辅仁大学聘书

辅仁大学

教学与研究 | 1933—1944　　31

　　柴德赓进入辅仁大学史学系后，在陈垣先生的指导下，开始研究宋史及清代学术史，梳理学术渊源，做了大量札记。现存当时的抄本有小学《说文笔记》，宋史《潜知斋读书记》，清代学术史《识小录》，目录学《书目答问清代著述家姓名录》、《书目答问补正著作家姓名录》等。（图10）这些为后面的学术研究奠定了基础。

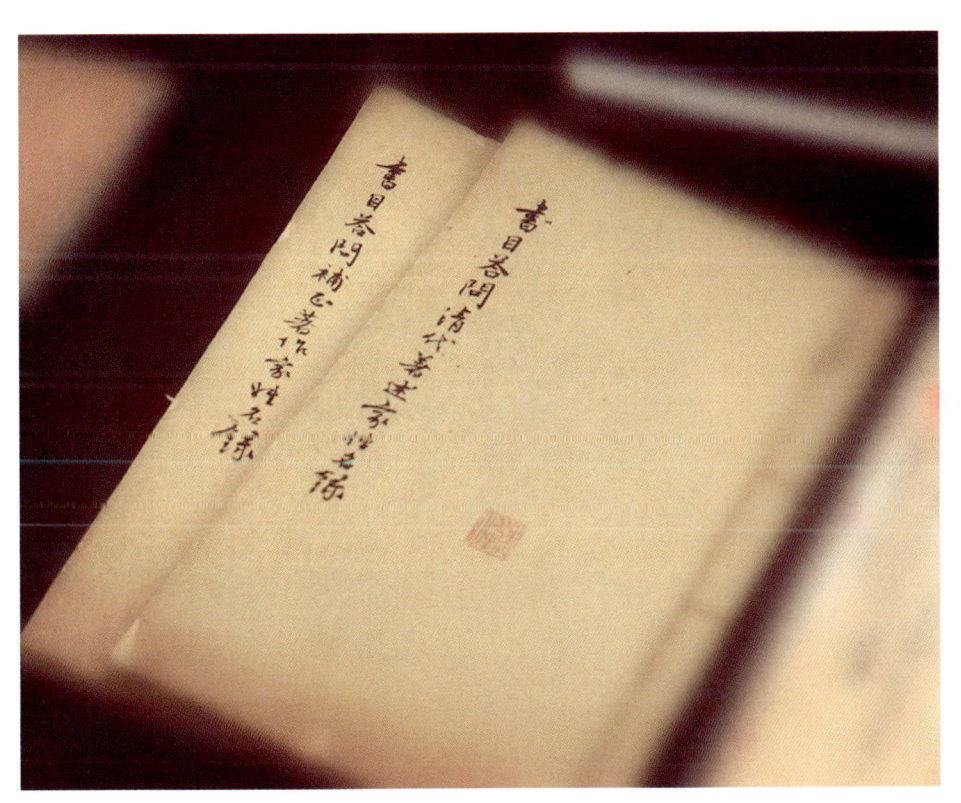

图10　柴德赓自编的目录学工具书

《说文笔记》是柴德赓听钱玄同《说文解字》课笔记的誊录本,全一册。(图11)

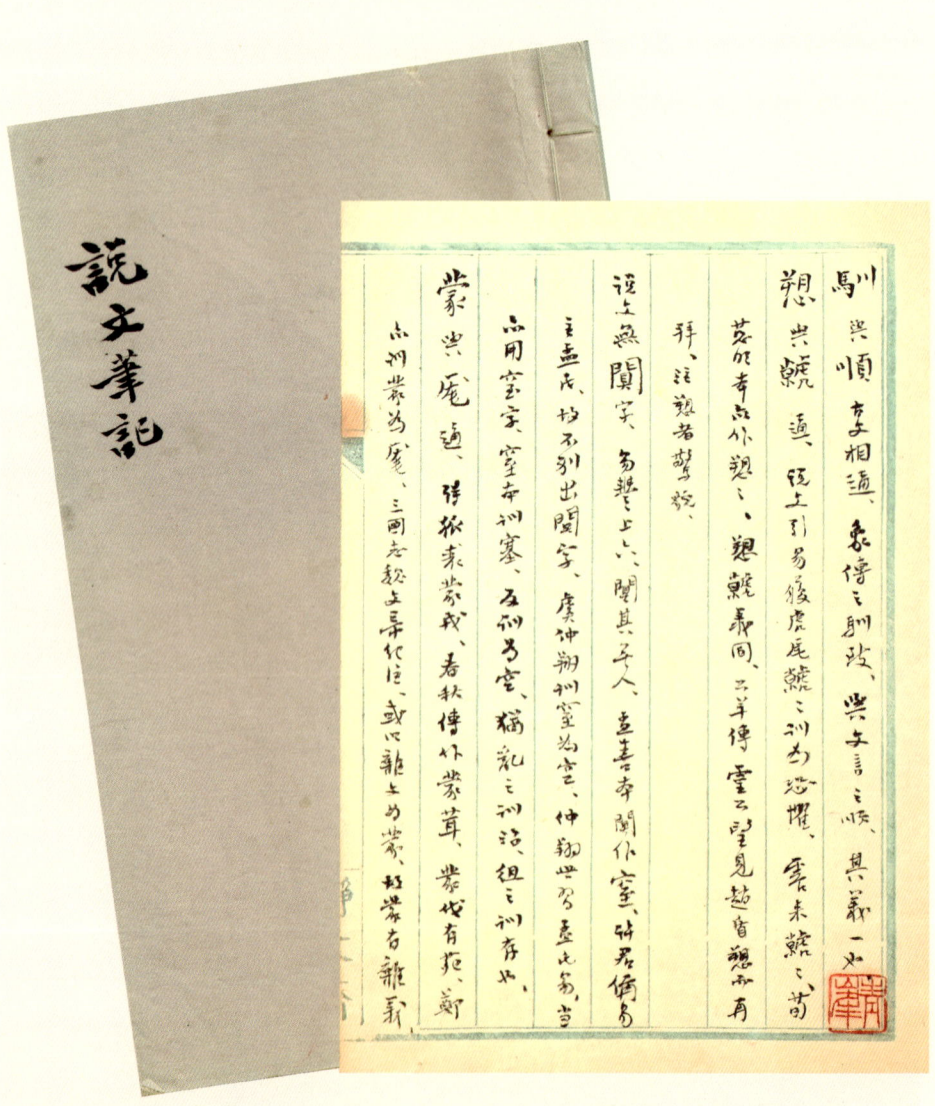

图11 《说文笔记》

《潜知斋读书记》是柴德赓学习宋史的札记，全二册。（图12）

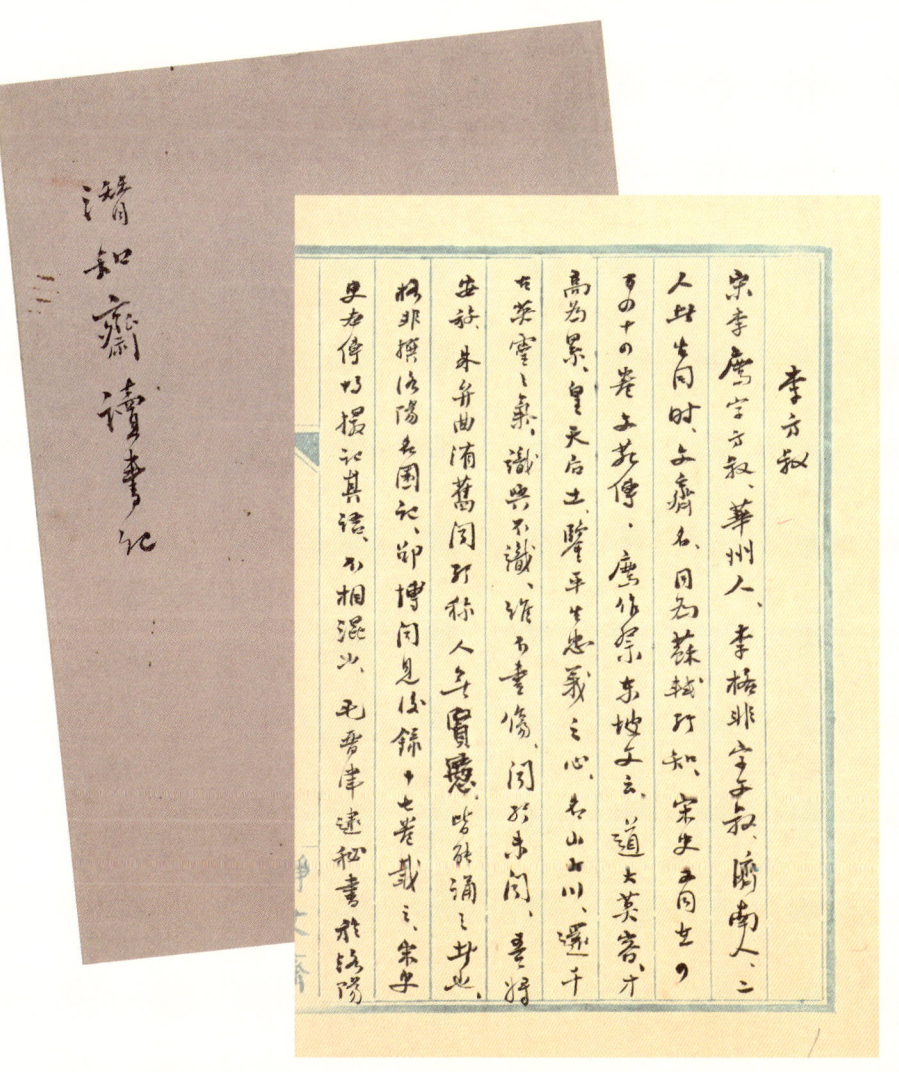

图12 《潜知斋读书记》

《识小录》是柴德赓学习清代学术史札记，全二册。（图13）

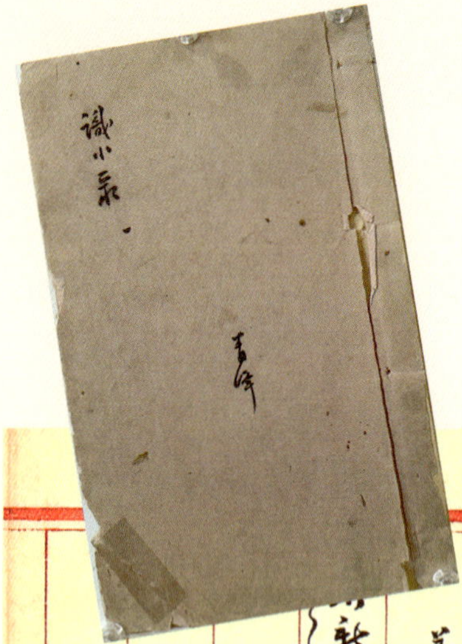

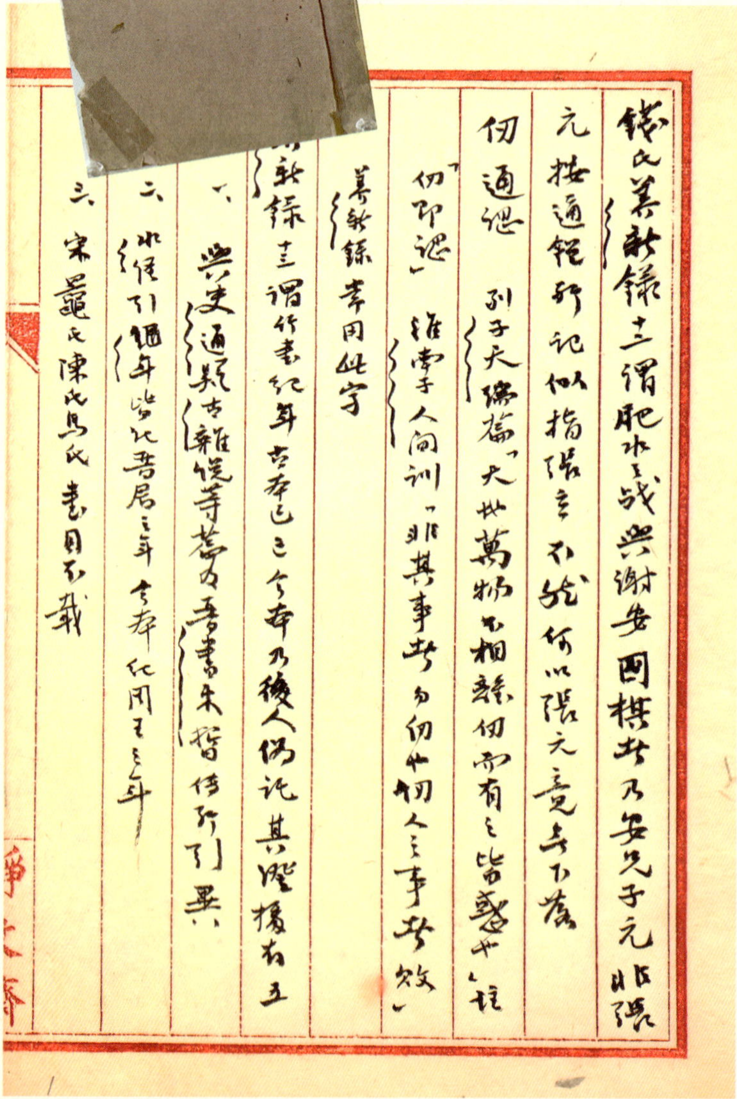

图13　《识小录》

柴德赓在大学期间就开始研究宋史，并购得同文书局本《宋史》一套，该书有大量批注，是学习时做的校注和札记，保存至今。他在辅仁大学教书期间，继续宋史的研究，在图书馆借阅有关书籍。（图14—图18）

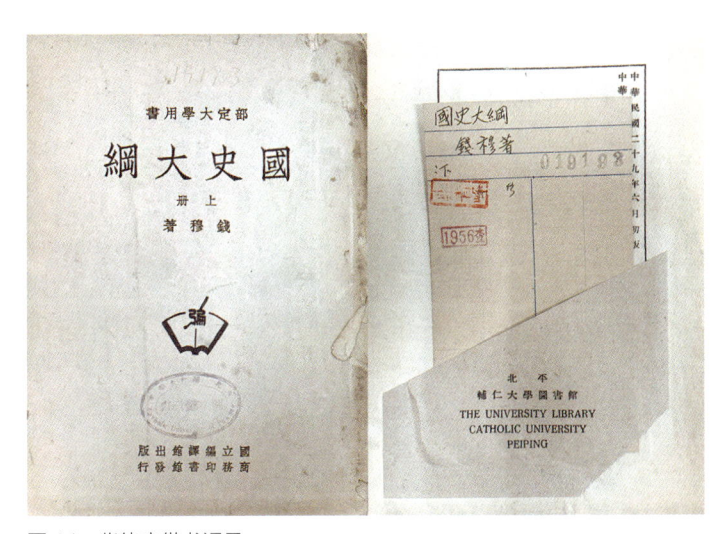

图14　柴德赓借书记录

图15　柴德赓批注同文书局本《宋史》100册

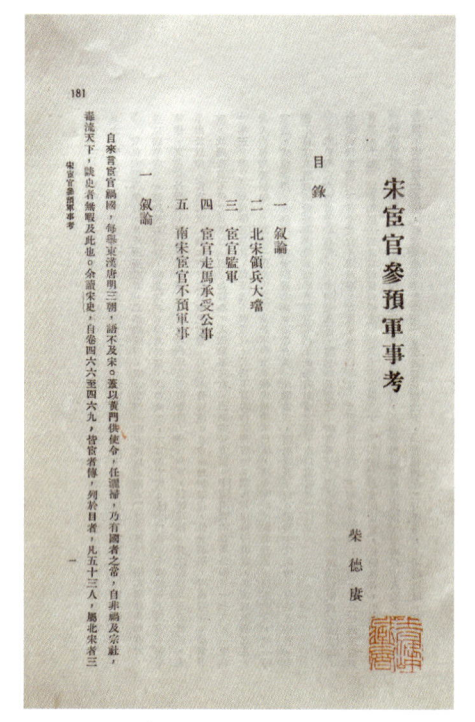

图 16　论文《宋宦官参预军事考》
刊载于《辅仁学志》第十卷一、二合期。

图 17　《宋史》眉批

图 18　《宋史》札记

教学与研究　|　1933—1944　　　　37

张宗祥（1882—1965），字阆声，浙江海宁人，学者、书法家，曾任浙江图书馆馆长，西泠印社第三任社长。

1936年张宗祥在北平图书馆整理古籍，与柴德赓结识，回杭州前书写条幅赠与。（图19、图20）

图19　柴德赓在书房与张宗祥书赠条幅合影　　　　图20　张宗祥书赠条幅

方岩（1901—1987），字介堪，浙江永嘉人，书法篆刻家，曾任中国书法家协会名誉主席，西泠印社副社长。

1937年方介堪离开辅仁大学回浙江永嘉，临行前为柴德赓治印一对，作为留念。（图21）

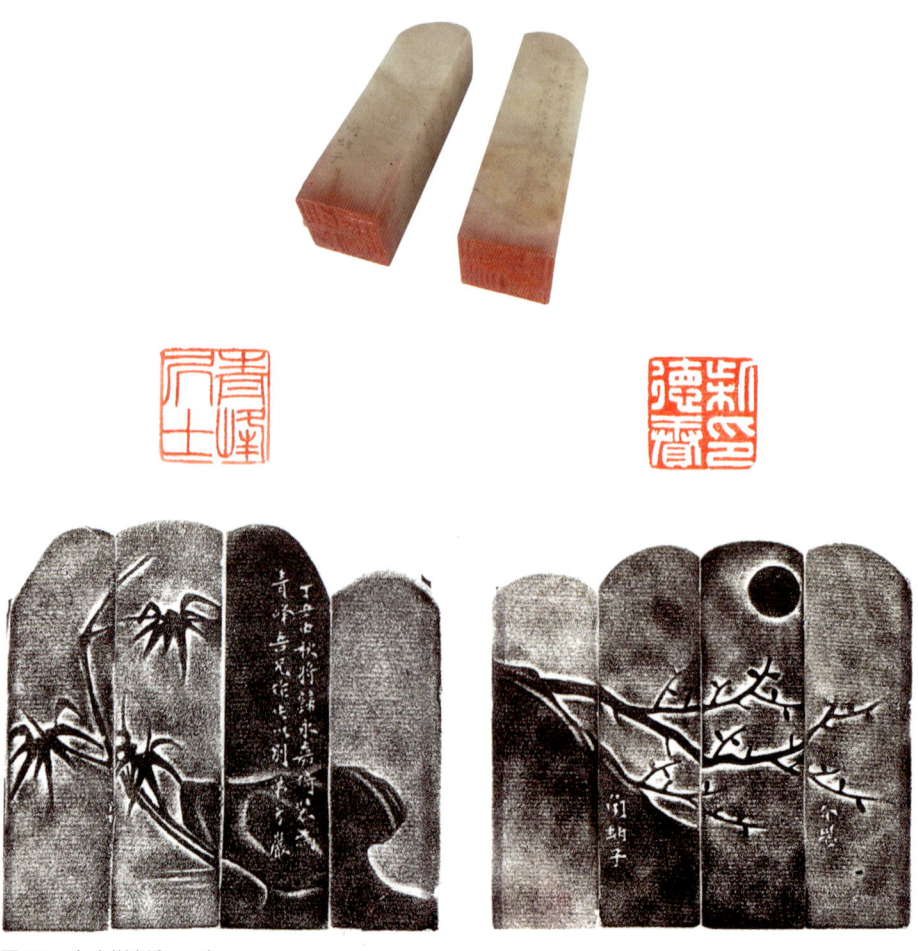

图21 方介堪刻印一对

图22　1937年柴德赓一家
　　12月12日摄于尚勤胡同15号，陈璧子抱柴邦衡，柴德赓抱柴令文，前排柴祖衡。

图23　1943年柴德赓一家

图24　1938年辅仁大学史学系师生

魏建功（1901—1980），字益三，江苏如皋人，语言文字学家、教育家，曾任北京大学、西南联合大学、白沙女子师范学院教授，北京大学副校长。（图25—图28）

图 25　柴德赓到长沙后魏建功所赠照片

图 26　魏建功离北平之前书赠柴德赓的诗札

图 27　1938 年长沙临时大学合影
前排左起：罗常培、魏建功、罗膺中、郑天挺。图片选自百度。

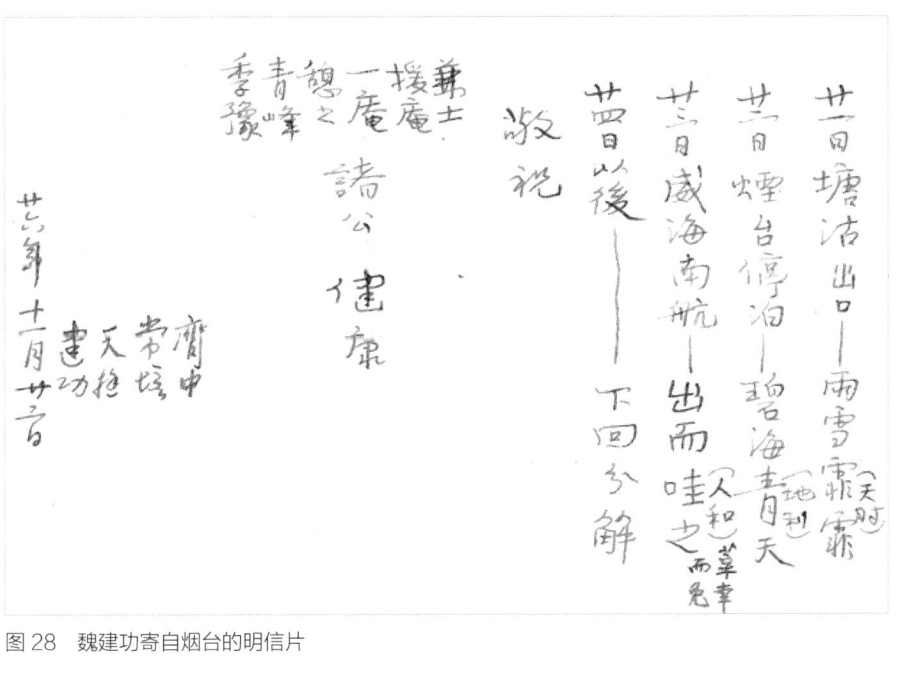

图 28　魏建功寄自烟台的明信片

启功（1912—2005），字元白，北京人，书画家、文物鉴定家，曾任中国书法家协会主席，西泠印社社长，北京师范大学中文系教授。（图29）

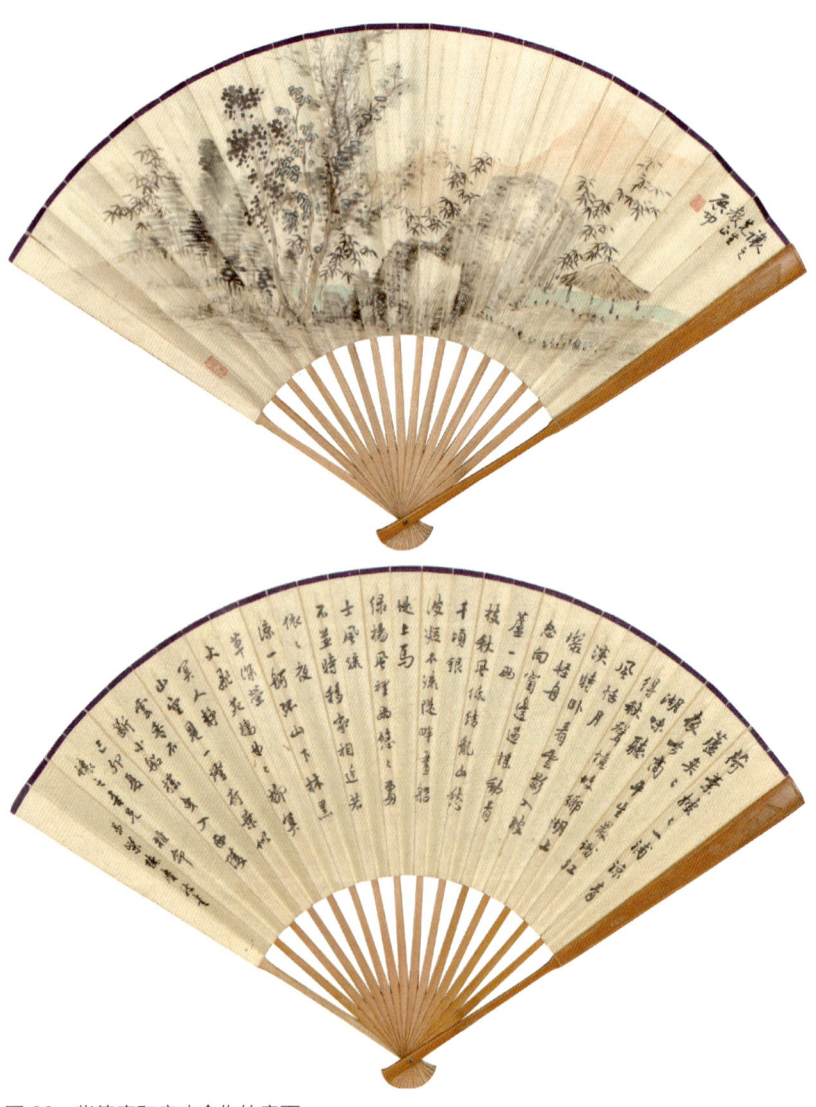

图29　柴德赓和启功合作的扇面
　　1939年为余逊而作，现由私人收藏。

图 30 为 1943 年柴德赓与陈君善、牟小东共游北平崇效寺，观红杏青松图所作。柴德赓诗，顾随有和：

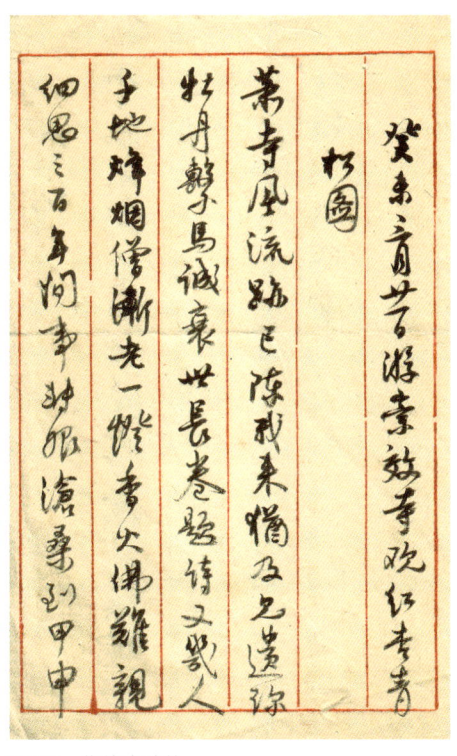

晚时丧乱似梁陈，
遗迹流传尚见珍。
一张画图能阅世，
数丛花木更宜人。
题诗萧寺惟君健，
论史雄文与古亲。
戎马关山迷古路，
燕居且漫共甲申。

图 30　柴德赓诗札

北京崇效寺

图31　1938年辅仁大学同事合影

左一为雷冕博士（Rahmann，德国人，校务长），左三为柴德赓。

辅仁大学花园

图32　1937年柴德赓与牟润孙在辅仁大学参加学校招待会

牟润孙（1908—1988），原名传楷，山东福山人，先后任河南大学、同济大学、暨南大学、台湾大学、香港新亚书院教授。（图32、图33）

图33　1938年柴德赓与牟润孙在中山公园

柴德赓从 1937 年起为辅仁大学史学系讲师，前期聘书现在不存，仅从 1941 年开始保存下来，其聘约亦存。（图 34）

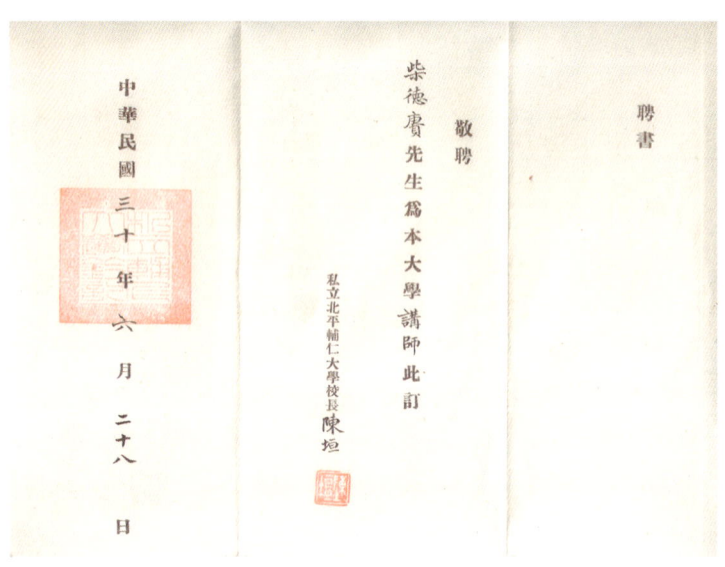

图34　1941年辅仁大学聘书
　　　现由苏州大学博物馆收藏。

辅仁大学主楼

邓之诚（1887—1960），字文如，江苏江宁人，历史学家，曾任燕京大学历史系教授，柴德赓业师。（图35）

1939年夏，柴德赓到燕园看望邓之诚，文如先生以明版《隋书》（20册）相送。（图36）

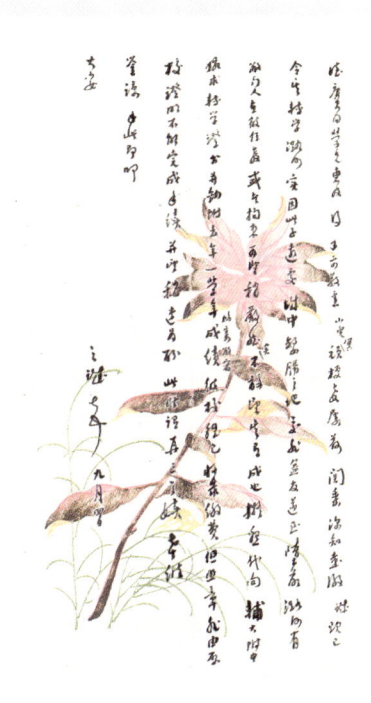

图35　邓之诚信札

图36　邓之诚送柴德赓的《隋书》
　　现由苏州大学博物馆收藏。

陈垣（1880—1971），字援庵，广东新会人，历史学家、宗教史学家、教育家，曾任辅仁大学校长，他是柴德赓业师。

"中国史学名著评论"是陈垣先生开创的课程，此为余逊在燕京大学读书时的听课笔记整理誊写本，所用余嘉锡专属笺纸"武陵余氏读已见书斋抄本"，装订后启功题签，余逊和柴德赓均有大量批注，后由柴德赓保管。南渡白沙时，以此本讲授"史部目录学"课程。直到柴德赓1970年去世，陈璧子赠周国伟保存。2015年周国伟去世，其家属及后人捐赠给苏州大学博物馆。（图37、图38）

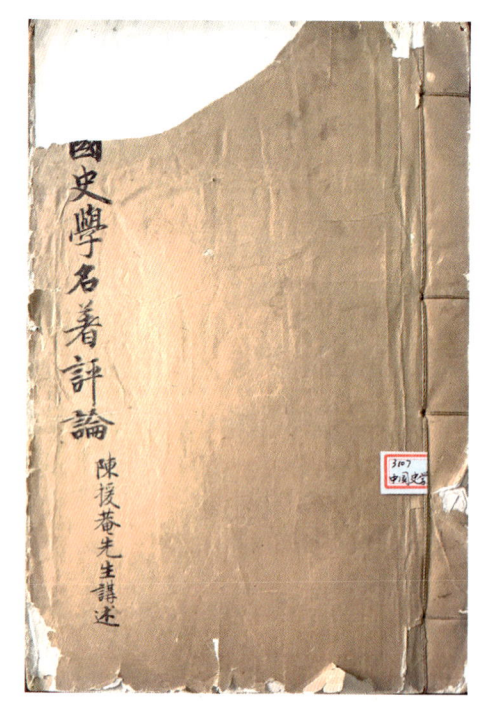

图37　陈垣目录学听课笔记

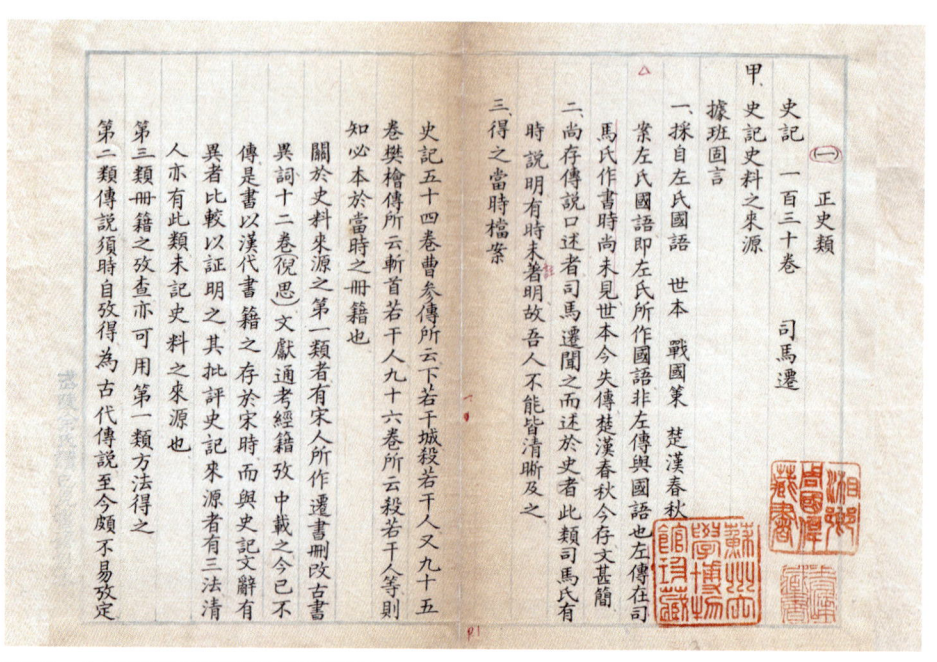

图38　"中国史学名著评论"笔记誊写本

余逊（1905—1975），字让之，湖南常德人，历史学家，余嘉锡之子，曾任辅仁大学、北京大学历史系教授。（图39）

周祖谟（1914—1995），字燕孙，北京人。文字音韵学、训诂学家。曾任辅仁大学国文系讲师，北京大学中文系教授。（图40）

图39　1938年辅仁女院开学典礼，余逊与柴德赓合影

图40　1943年周祖谟与余淑宜结为伉俪，合影于辅仁神甫花园
　　左起：周祖谟、余淑宜（余嘉锡长女）、陈璧子、柴德赓。

图 41　1940 年香山合影
　　柴德赓与辅仁教育系学生王若兰、周嘉敏、贺景同游香山。

图 42　1940 年在故宫

图 43　1940 年在恭王府雅集

教学与研究 | 1933—1944

图44　1942年辅仁大学国文系毕业师生合影

前排左起：周祖谟、萧璋、□□□、于省吾、余嘉锡、朱师辙、□□□、赵万里、顾随、孙楷第、柴德赓；二排左四为余淑宜。现由国家图书馆收藏。

辅仁大学教学楼

图 45　1942 年柴德赓于兴化寺 5 号陈垣寓所

图 46　辅仁大学史学系 1942 届毕业合影
　　二排左起：余逊、□□□、尹炎武、陈垣、张星烺、柴德赓、□□□
　　于辅仁大学后花园。

教学与研究 | 1933—1944　　53

图47　1944年辅仁大学史学系毕业合影
　　　此时柴德赓已经离开辅仁大学。

图48　1947年启功、顾随、柴德赓、葛信益合影

1944年1月30日（癸未正月初六）柴德赓离开北平，"破五"的晚上，夜不能寐，倚装作诗，直到天明。此诗为柴德赓第二次离开陈垣先生所作，国破家散，百感交集。（图49、图50）

图49　2021年拍摄兴化寺陈垣故居

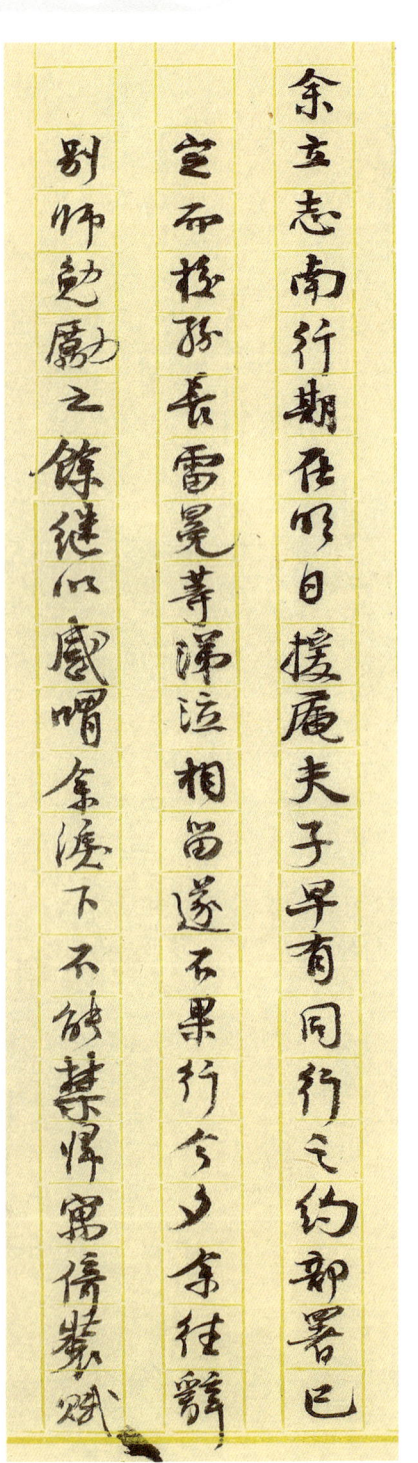

图50　柴德赓诗跋

第三章
南渡至白沙（1944—1946）

白沙朝天咀码头

长江白沙段

南渡至白沙 | 1944—1946   57

柴德赓到达洛阳后，经陈伯君安排在"教育部战区学生指导处洛阳进修班"任教国文，并兼职第一战区长官司令部秘书组秘书，二者地址均为西工（长官司令部）。（图1）

柴德赓一家南渡北归路线图：1944年1月出北平，3月初到达洛阳，5月底到达西安，9月中至白沙国立女子师范学院。（图2、图3）

图1　第一战区长官司令部
　　　图片来自网络。

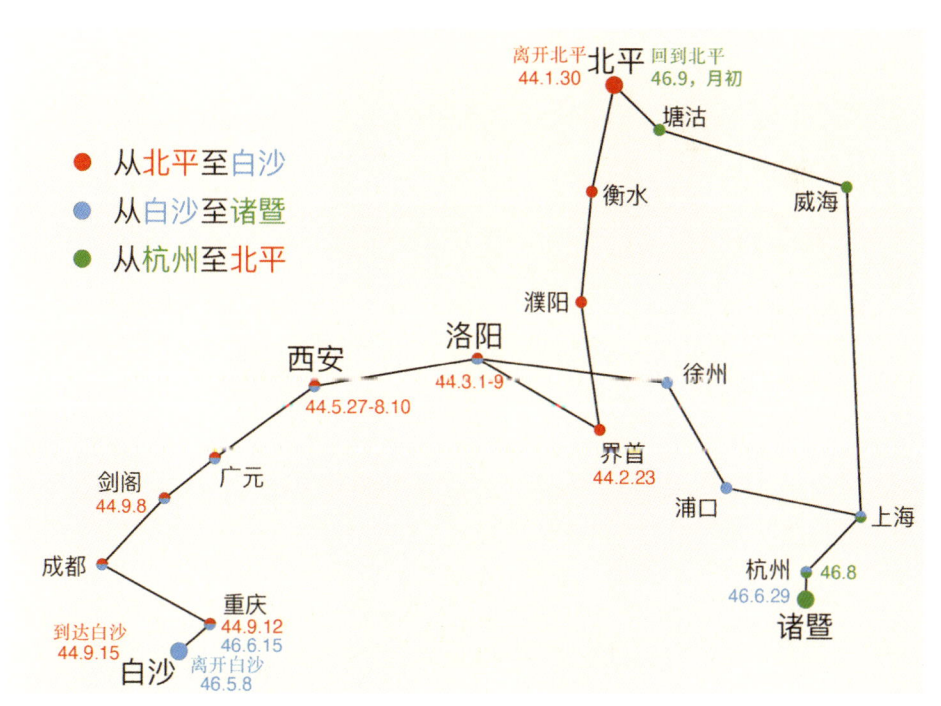

图2　柴德赓一家南渡北归路线图
　　　图中红色为南渡路线，蓝色、绿色为北归路线，数字为日期。

图3 柴德赓在洛阳所作诗歌

洛阳金谷园

柴德赓何时开始记日记已无从考证，目前留存下来的日记最早为在洛阳期间。此时正值豫中会战，柴德赓的日记正是一段第一战区的抗战记录。（图4）

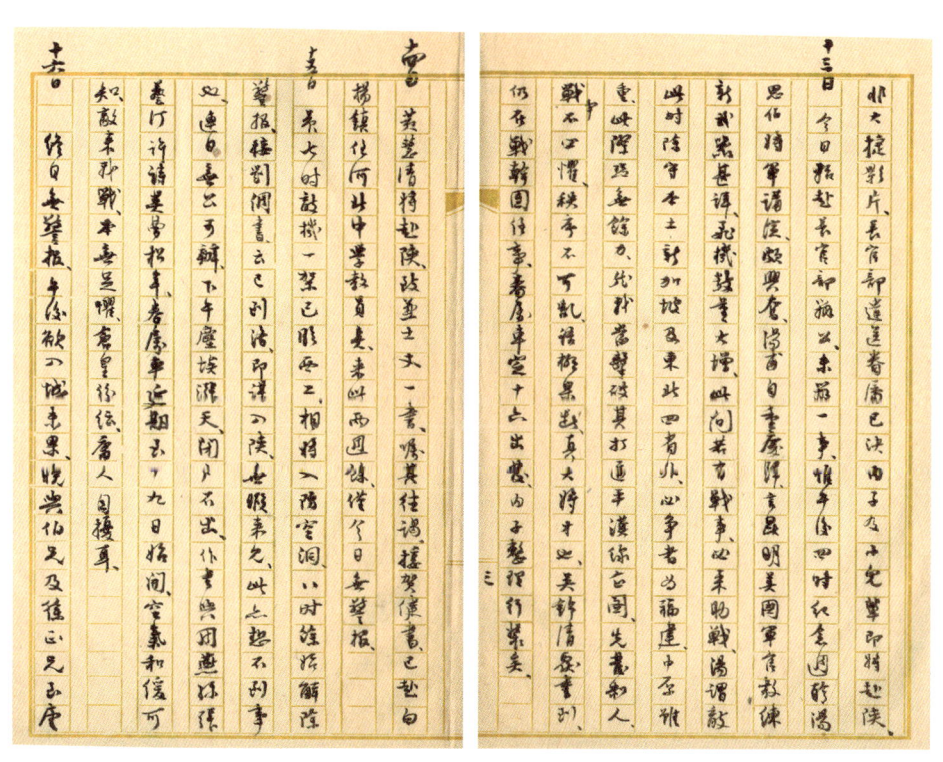

图4　柴德赓在洛阳时的日记

柴德赓随进修班师生，4月23日撤离西工，经洛宁、卢氏、洛南、蓝田，5月27日到达西安。此段除日记外，另有南渡诗篇十二首。（图5）

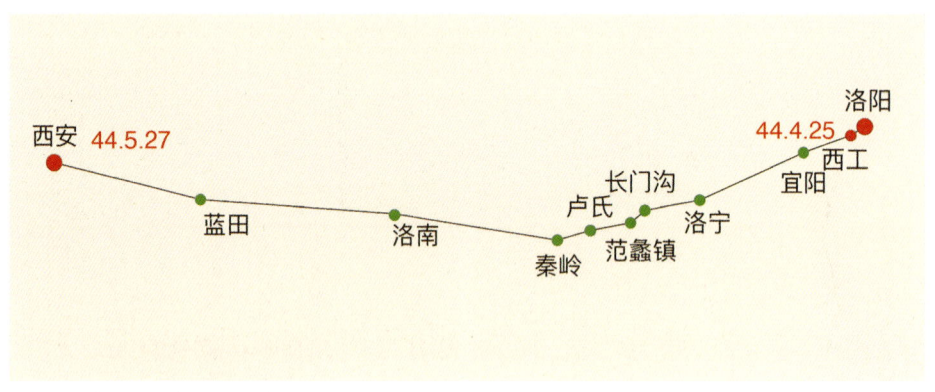

图5 从洛阳至西安西撤路线图

豫中地区

王大安，后名静芝（1916—2002），黑龙江佳木斯人，古典文学家、书法家，辅仁大学国文系1938届学生。

当时王大安在四川泸州任教，寄全家福一帧（背面为附诗）给柴德赓。（图6）

图6　王大安所寄照片及附诗

1952年柴德赓在"忠诚老实"教育中，回顾了在洛阳、西安时期的活动，谈到和沈兼士的交往（见图7第二、三、五条）。

沈兼士（1887—1947），浙江湖州人，语言文字学家，教育家，章太炎弟子，辅仁大学文学院院长，1942—1947年为教育部特派员。

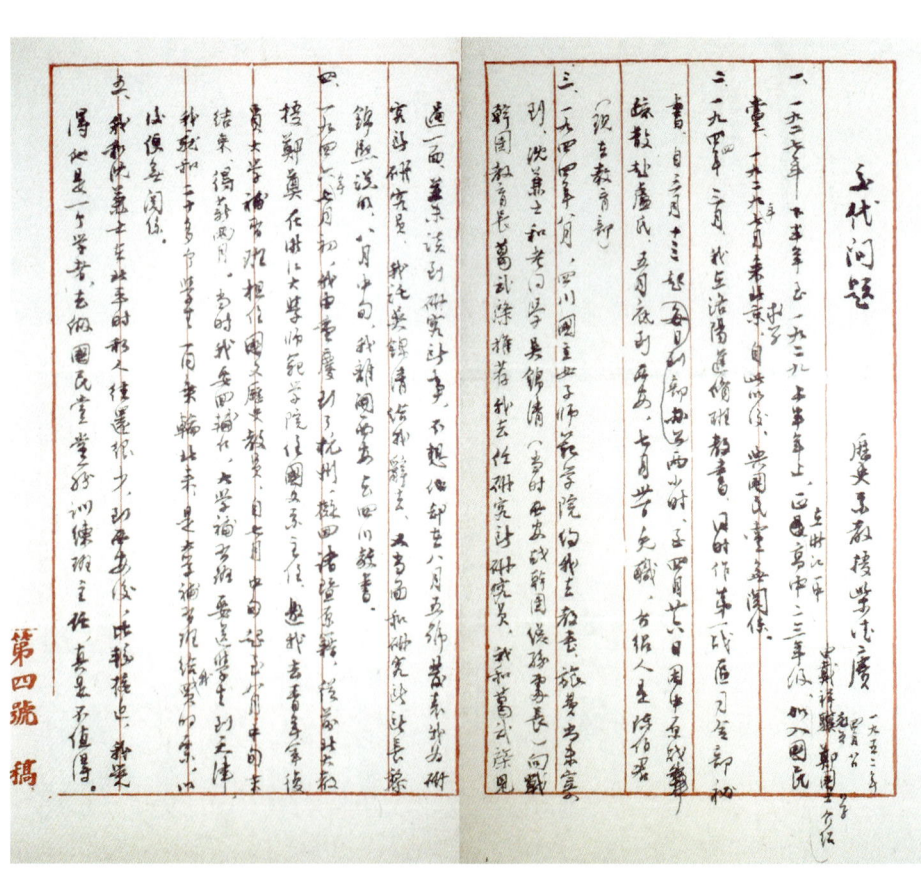

图7 柴德赓个人资料

沈兼士先生于 1947 年 8 月 2 日暴病去世，柴德赓撰写长篇回忆文章《我对于沈兼士先生的认识》，回忆在洛阳和西安期间与沈兼士先生的交往。发表于 8 月 18 日天津《益世报》（图8、图10），图9 为沈兼士赠送柴德赓对联一副。

图8　柴德赓撰写的悼念文章

图9　沈兼士赠送的对联

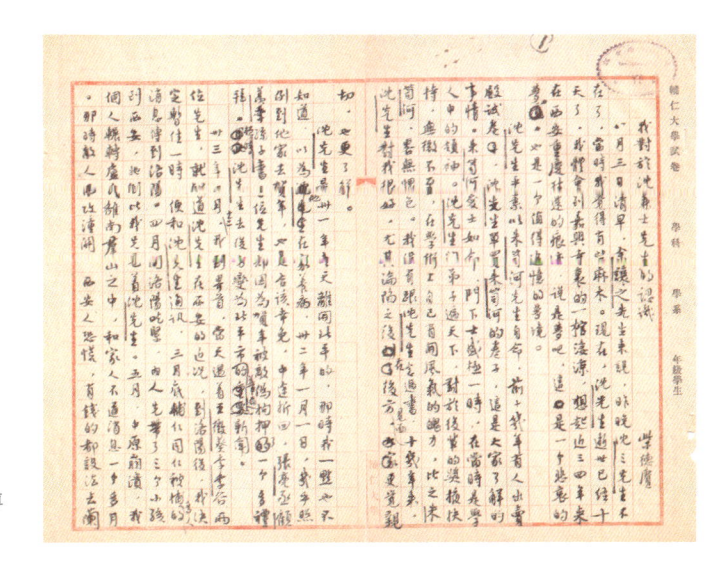

图10　悼念文章手稿
　　　现由苏州大学博物馆收藏。

1944年8月，柴德赓收到白沙魏建功、台静农、李霁野三人联名信，邀请柴德赓至国立女子师范学院任教，并于9月中旬到达白沙。

图 11　国立女子师范学院聘书

白沙黑石山

南渡至白沙 | 1944—1946

1945年国立女子师范学院《学术集刊》第一期，发表柴德赓《四库提要之正统观念》，同刊还有魏建功《古音阴阳入互用例表序》，台静农《南宋人体牺牲祭》，方管《戴震性命论平议》等。（图12、图13）

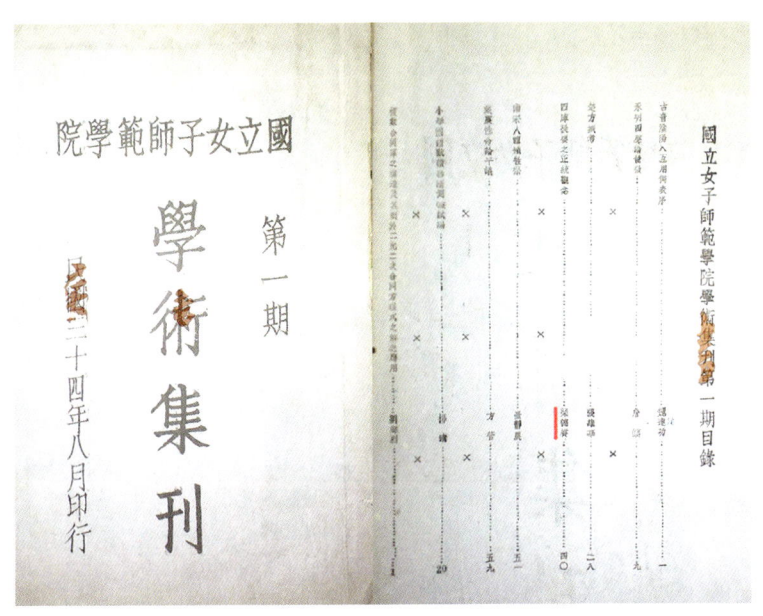

图12 国立女子师范学院《学术集刊》第一期

图13 1945年夏国文系师生合影
后排右九台静农，右十一柴德赓，后有校牌"国立女子师范学院"。

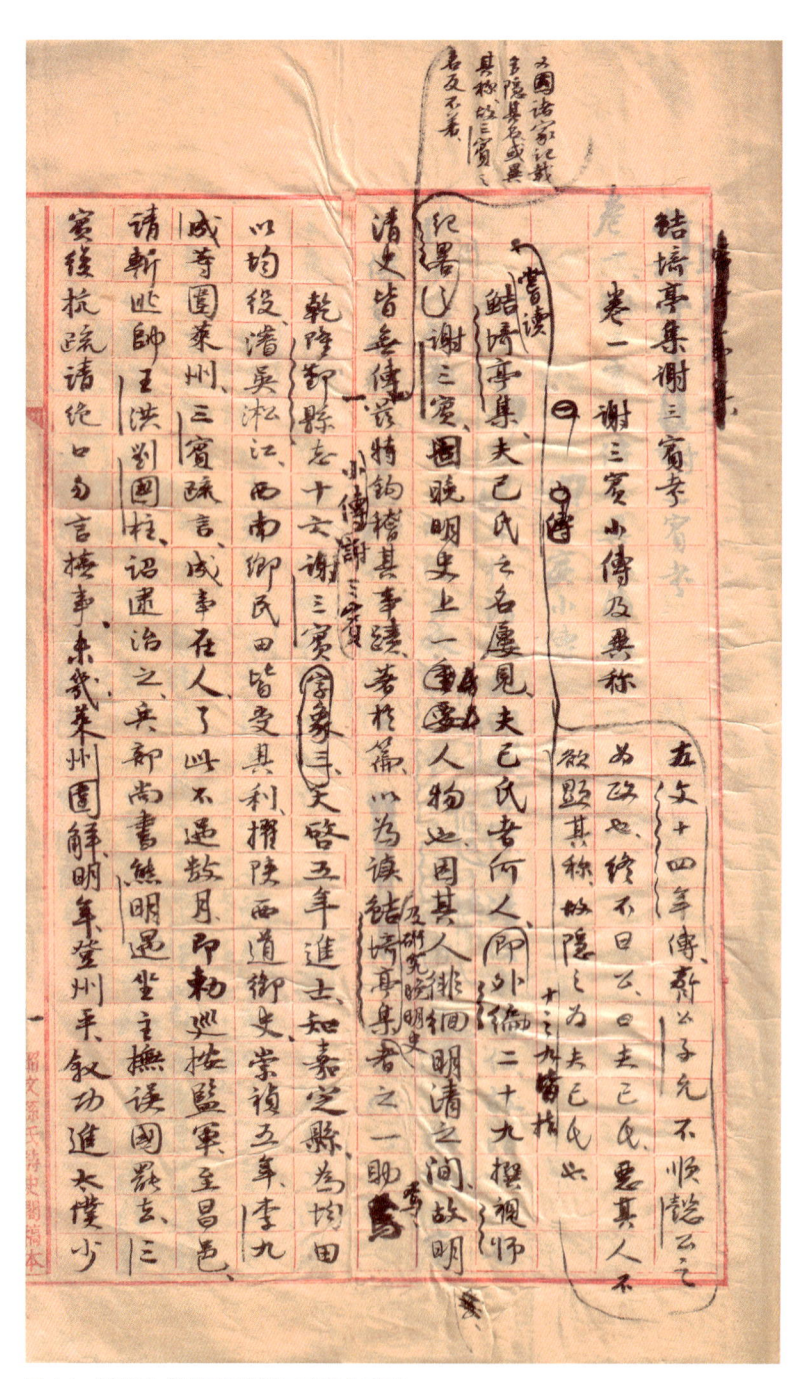

图 14　柴德赓《鲒埼亭集谢三宾考》手稿
现由国家图书馆收藏。

南渡至白沙 ｜ 1944—1946　　67

柴德赓《鲒埼亭集谢三宾考》一文写于1942—1943年，时值抗战相持阶段，身处沦陷区饱受日寇凌辱，汉奸当道，此文通过对晚明进士谢三宾降清的鞭挞来表达抗战史学思想。该文发表于《辅仁学志》1945年第一、二期合刊，获得国民政府1945年度著作发明奖励文学类资助二等奖，此时柴德赓已经在白沙女子师范学院任教。（图14—图17）

图15　1945年"著作奖励名单"

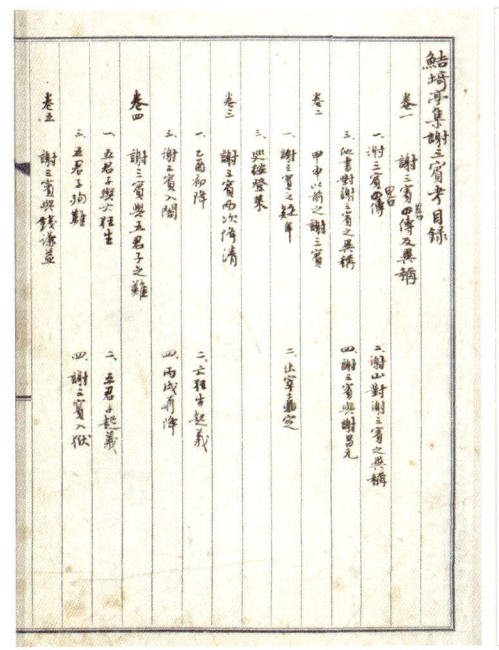

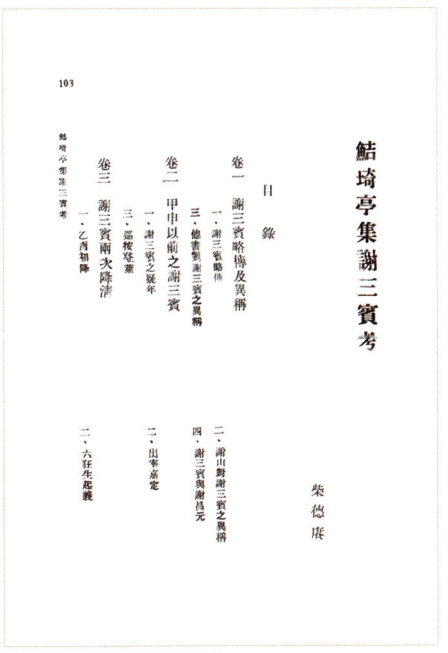

图16　《鲒埼亭集谢三宾考》抄稿（左）和抽印本（右）
　　　现由国家图书馆收藏。

图 17 《鲒埼亭集谢三宾考》专门著作申请奖励说明书
　　　现由中国第二历史档案馆收藏。

1946年4月四川白沙国立女子师范学院全景

《鲒埼亭集谢三宾考》文章审查人为金毓黻、钱穆，图18为钱穆审查意见。

著者姓名：柴德赓（87A）
著作名称：鲒埼亭集谢三宾考
审查意见：

本文为考證《鲒埼亭集》谢三賓氏之生平事蹟。文長逾三萬言，徵引書目達八十種，鉤稽之力可謂勤矣。謝氏乃晚明一貳臣，明清史皆無傳，其姓字湮没，不為人知已久，作者爬梳抉剔，譬如開荒。自有此文，謝氏一生事蹟，讀本文之任何一頁，無不可見作者用心之縝密。此尤讀者所當深味其弦外之音者也。惟就本文全體論之，謝三賓究有無長處可供讀者之認識與瞭解乎？此本文作於民國三十二年之仲夏，其時北平在淪陷期間，作者筆底，蓋尚有無限感慨，非天下事甚衆，其意若曰為考據而考據，高言考據，其題目一小，者題目日為考據而考據，如考蒲壽庚與謝三賓，其所費精力可以同樣贏得高者則一也。故為考據功夫不停矣且最大本領者之平。一研究晚明史者，者論其在學術上之貢獻，則即就專治晚明史之專門範圍論之，此文之所得，亦未可謂得其一重要之位置也。鄙見此文宜得第三等獎勵，是否有當？謹備公擇。

审查人：錢穆 三十五年十月十日

图18 钱穆审查意见
原件现由中国第二历史档案馆收藏。

2015年寻找白沙国立女子师范学院旧址，现在的地址是新桥。远处遗存几间旧屋，到20世纪70年代已经荒废（此前为小学校）。（图19、图20）

图19　2015年拍摄国立女子师范学院旧址

图20　1946年国立女子师范学院史地系师生合影
　　二排左一柴德赓，左三张维华，左五罗志甫。

白沙镇政府为了满足白沙师生及家属寻找故地的愿望，在国立女子师范学院旧址仿照旧貌，陆续重建房屋。（图21—图23）

图21　2021年拍摄国立女子师范学院旧址

图22　国立女子师范学院1945级史地系师生合影

图23　1946年白沙女子师范学院师生合影

方管（1922—2009），笔名舒芜，安徽桐城人，作家，曾任国立女子师范学院国文系副教授。（图24—图26）

午醉先生睡正酣，
晚凉心事晚眠蚕。
文章总向秋风哭，
又到人间歇胸庵。
（台静农伯简）

横眉向我说无生，
下智昏尘听未明。
进退去来宁有碍，
转看破衲是非情。
（罗志甫破衲）

四十生涯浪漫过，
青衫落拓伴清歌。
词人枉自留灵锁，
一例匆匆可奈何。
（吴白匋灵琐）

豪谈高唱不知娱，
起看阶前月影重。
话到白苍山上事，
天荒地老忆青峰。
（柴德赓青峰）

入洛机云未敢侪，
追随端为少年流。
他时感旧渔洋集，
可附狂奇左道楼。
（余曾有室名曰左道楼）

图24 方管四君咏诗

图25 合影
后排左起：方管、柴德赓；前排左起：台静农、罗志甫。

图26 方管信件手稿
1946年7月柴德赓离开重庆返浙江，方管致信柴德赓。

南渡至白沙 | 1944—1946

1988年方管撰写纪念柴德赓诞辰80周年文章，回忆白沙生活和交往；1946年方管致柴德赓诗札。（图27、图28）

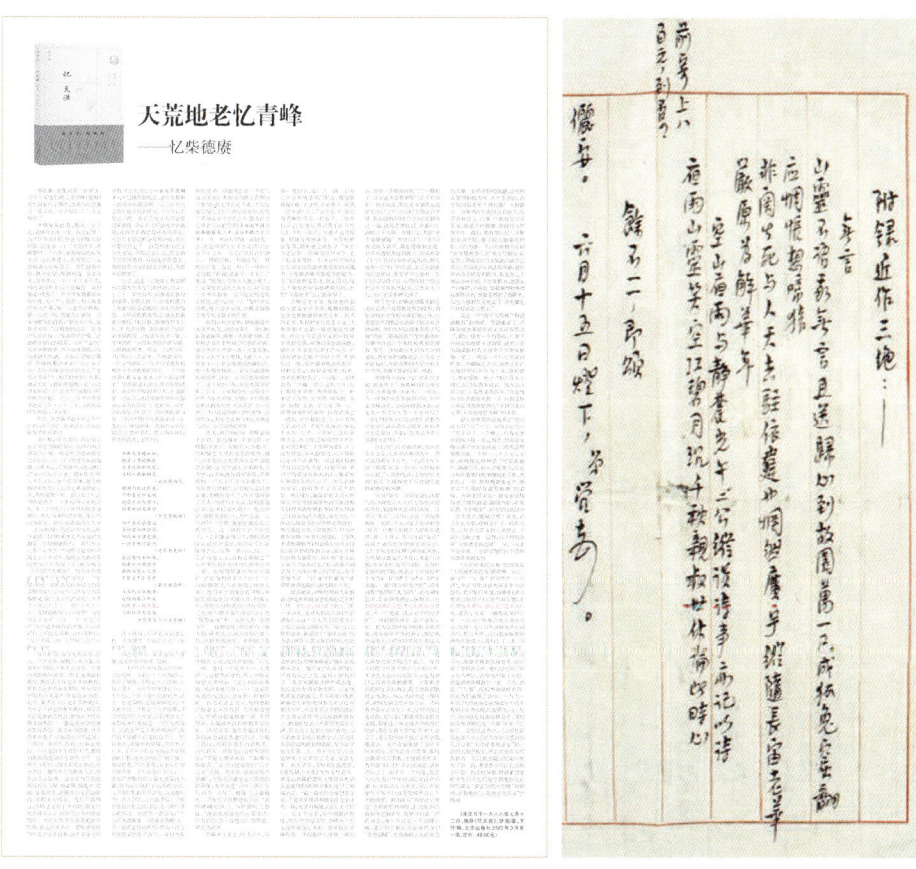

图27 舒芜（方管）撰写的回忆柴德赓文章
该文写于1988年7月12日，原载于《随笔》1988年第6期。

图28 方管致柴德赓的诗札

柴德赓与台静农、方管三人同在国文系任教，常有诗歌唱和。三人诗集均有出版。（图29、图30）

台静农（1902—1990），字伯简，安徽六安人，作家、文学批评家，曾任国立女子师范学院国文系教授，1946年任台湾大学中文系教授。

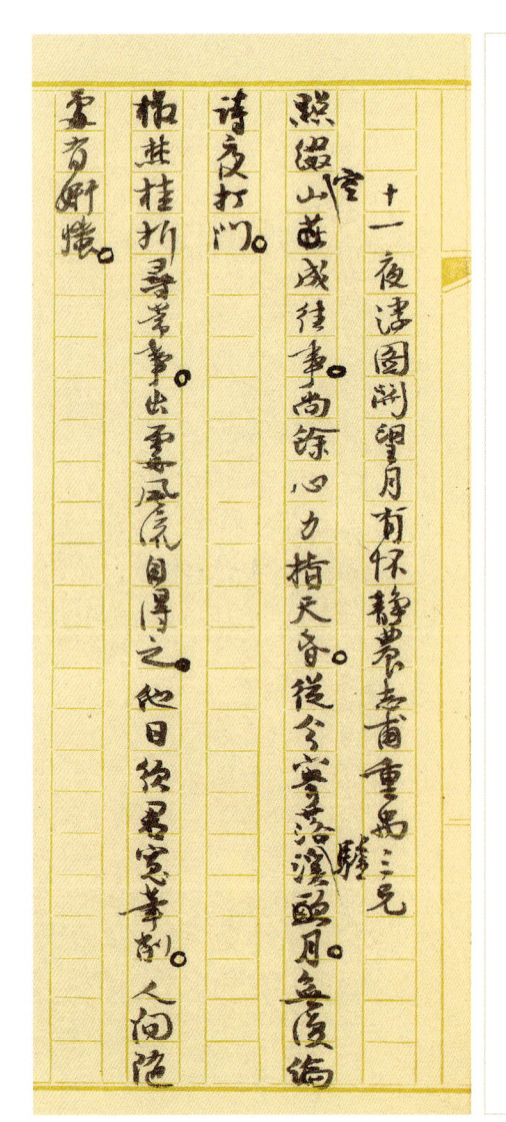

图29　柴德赓致罗志甫、台静农、方管的诗

图30　台静农诗《和青峰韵》
　　　　选自台静农诗集《白沙草》。

1946年柴德赓先期离开白苍山庄，在重庆等候离开的客船，其间于5月25日返回白苍山庄两日看望台静农、方管，写下诗句（图31、图32）：

惊心草木无情长，回首玄歌不易衰。
流水高山君且住，天荒地老我还来。

图31　台静农1946年6月16日致柴德赓的信札

图32　1945年国立女子师范学院国文系师生合影及照片背面附字

沈尹默（1883—1968），浙江湖州人，诗人、书法家。

1945年2月柴德赓与魏建功至重庆石田小筑看望沈尹默和沈兼士，商谈时局，切磋书法。沈尹默赠送柴德赓立轴一幅。（图33）

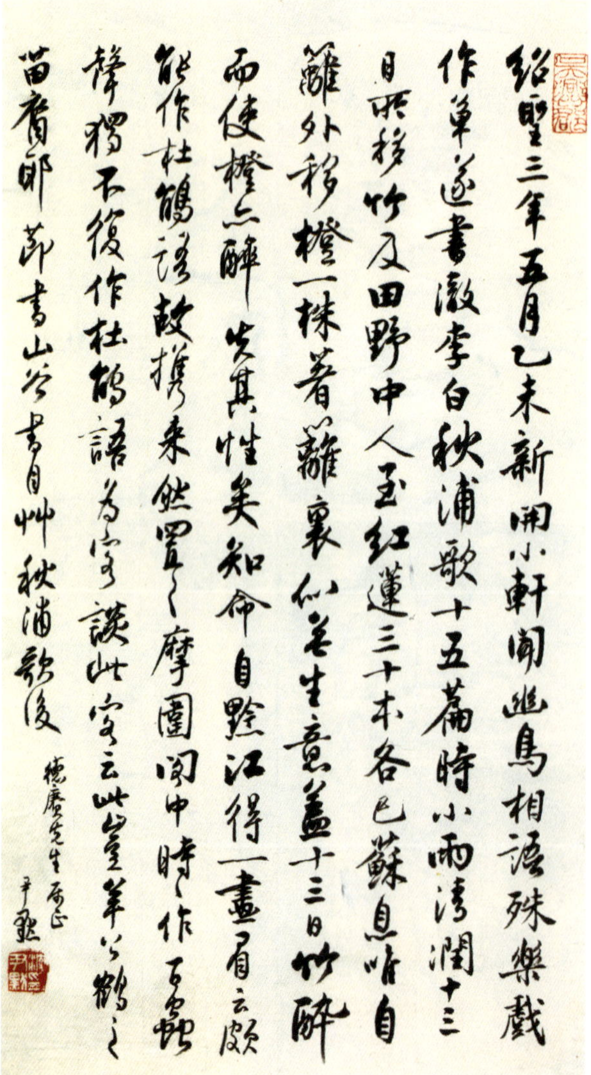

图33 沈尹默赠柴德赓的立轴

南渡至白沙 | 1944—1946

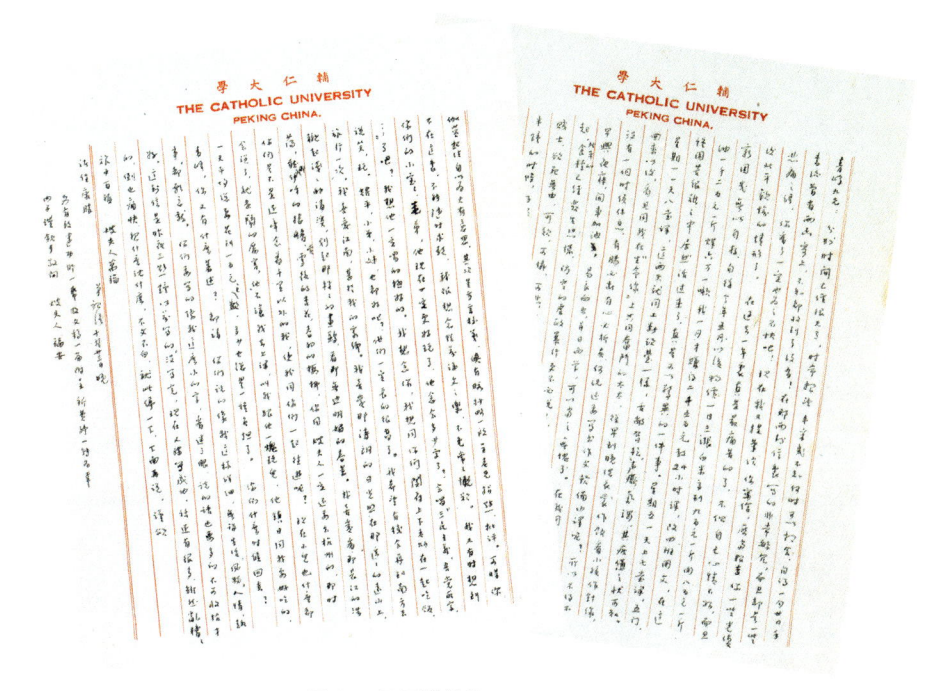

图 34　周祖谟信札
共 5 页，此为第 1、5 页。

柴德赓在白沙两年，周祖谟从辅仁大学写过多封信札给他，但是因邮路不畅，经常丢失；柴德赓收到信后，会在信封背面备注收到日期。周祖谟此通讲述北平光复后的市井生活，二千多言。（图34、图35）

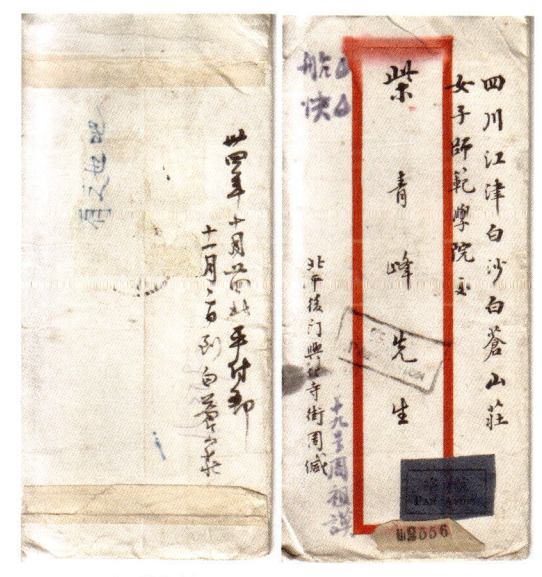

图 35　周祖谟信封

柴德赓离开北平后，与余嘉锡、余逊父子一直保持通信，《辅仁学志》刊载柴德赓《鲒埼亭集谢三宾考》后，特致信一封给在白沙的柴德赓。（图36、图37）

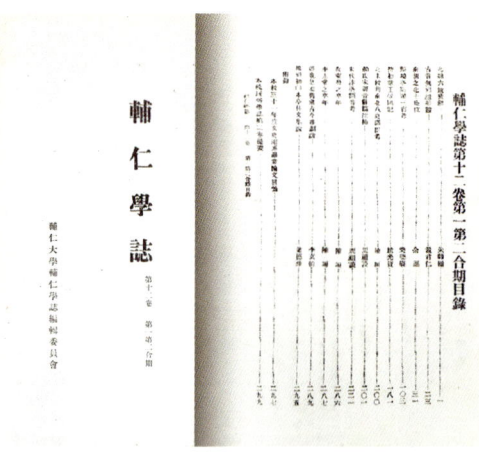

图36 《辅仁学志》刊载《鲒埼亭集谢三宾考》

图37 余逊致柴德赓的信札

柴德赓到达白沙，启功致信并以书画《渔隐图》相赠，由于邮路不畅，竟未达。（图38）

图38　启功致柴德赓的诗札

抗战结束后,从全国各地西迁的大学陆续复原,国立女子师范学院属于抗战中新建院校,迁址问题造成风波,大部分教师来自华东地区,因此迁校东南呼声最高,后教育部决定整体搬迁至重庆九龙坡(原交通大学校址)。柴德赓作为教师代表到教育部请愿,图39为蒋梦麟批转要求在东南区建校之公函。1946年4月6日学院重新登记,白沙校址就地解散。(图40—图45)

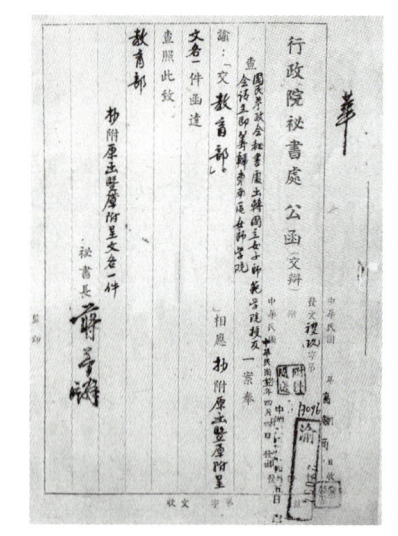

图39 江津档案
现由中国第二历史档案馆收藏。

图40 1946年师生合影
三排左五柴德赓,图左侧第四排台静农,墙壁上贴有多幅抗议标语。

图 41　1946 年师生合影
前排左一柴德赓，右一台静农，右二陈沅芷（后与方管结为伉俪）。

图42　1946年4月18日柴德赓一家和学生合影

后排右起：汪丽琴（一），周美悦（三），章佩瑜（六）；

前排右起：柴邦衡、柴令文、柴德赓、柴君衡、陈璧子、柴祖衡、陈庆中。

图43　周美悦致柴德赓信中回顾白沙生活

南渡至白沙 | 1944—1946

图44　1947年在台湾的白沙同仁合影
　　　二排右二台静农，前排右一萧明华，
　　　前排左一王汝聪。

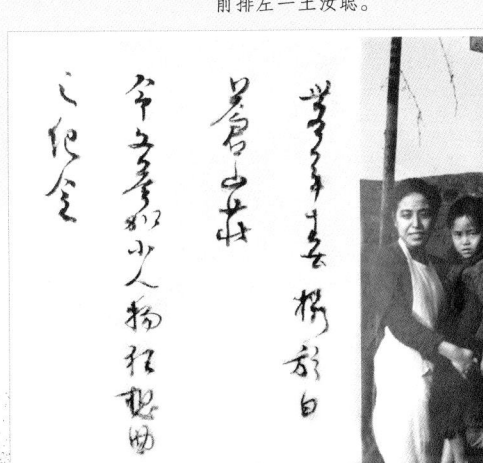

图45　《小人物狂想曲》演员
　　　中间导演莫桂新，前排右一柴令文参加演出。

白沙黑石山

顾随（1897—1960），字羡季，河北清河人，散文家、教育家、书法家，曾任辅仁大学国文系教授。

顾随一直与柴德赓有诗歌唱和，图46为顾随诗札。抗战胜利消息传来，柴德赓作《寄怀顾羡季》：

我从巴蜀望收京，君见王师下北平。
乱后心肠浑似铁，长歌何处觅豪情。

黄图非故乍心惊，塞北江南水火深。
欲为苍生求一语，哀时应有顾亭林。

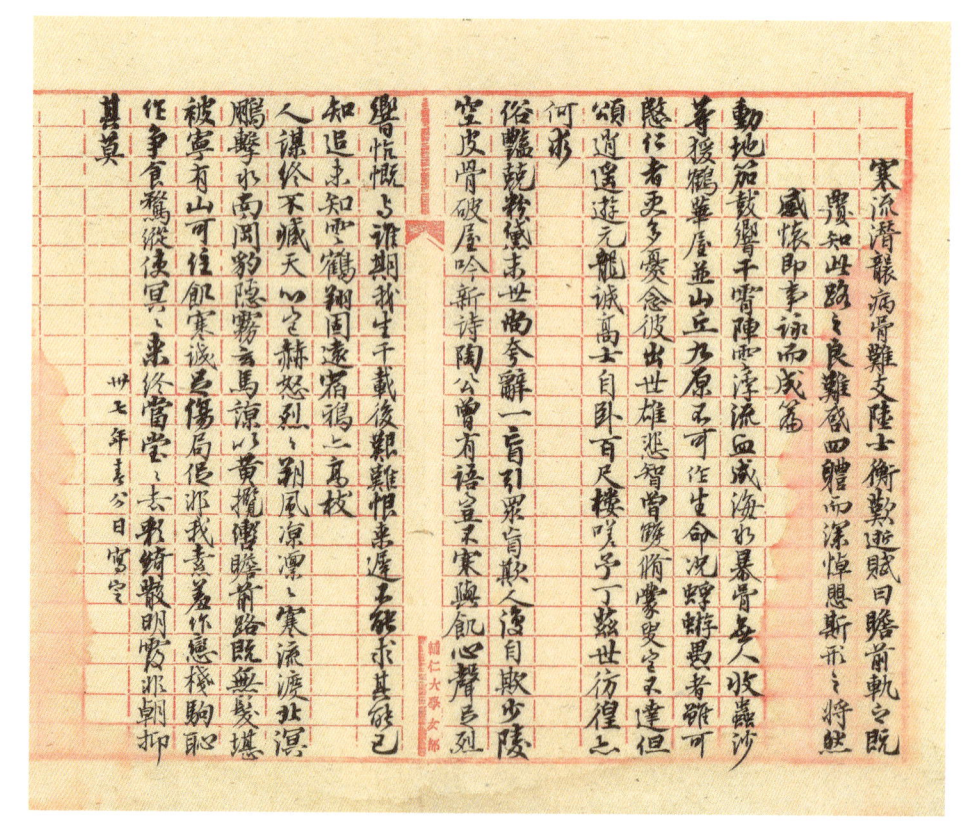

图46　1948年顾随写给柴德赓的诗札
现由私人收藏。

余嘉锡（1887—1955），字季豫，号狷庵，湖南常德人，古典文献学家，曾任辅仁大学文学院院长。1948年当选中央研究院院士。（图47、图48）

图47　1947年柴德赓、余嘉锡、□□□在辅仁大学操场合影

图48　1946年1月余嘉锡致柴德赓的信札

陈璧子一家，当时陈璧子、陈如子、缪景湖任教于白沙女子师范学院附中。（图49）

图49　陈璧子一家在白沙
前排左—陈璧子母亲杨昭瑞，前排右—柴君衡；后排右起：陈如子、缪景湖（陈璧子弟妹抱着陈慧平）、陈璧子。

图50　1948年章佩瑜、曾敏之赠送的照片及照片背面附字

第四章
北归返师门（1946—1952）

辅仁大学主楼

1946年6月，柴德赓从重庆返回故里诸暨，在杭州青年军补习班短期任教国文，此时收到陈垣签发的辅仁大学聘书，聘任其为史学系教授，并于8月下旬乘船北上。（图1）

图1　1946年柴德赓重返辅仁大学任教

辅仁大学后花园

1946年辅仁大学聘柴德赓为史学系教授，当年聘书未留存下来，从1947年起历年聘书、聘约均保存，均由苏州大学博物馆收藏。（图2、图3）

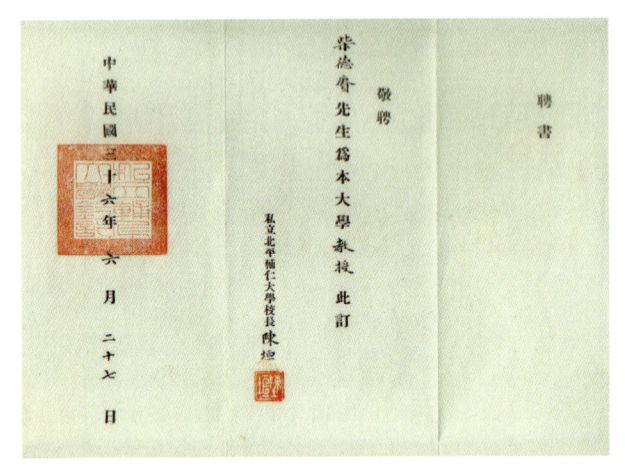

图2　1947年辅仁大学聘书

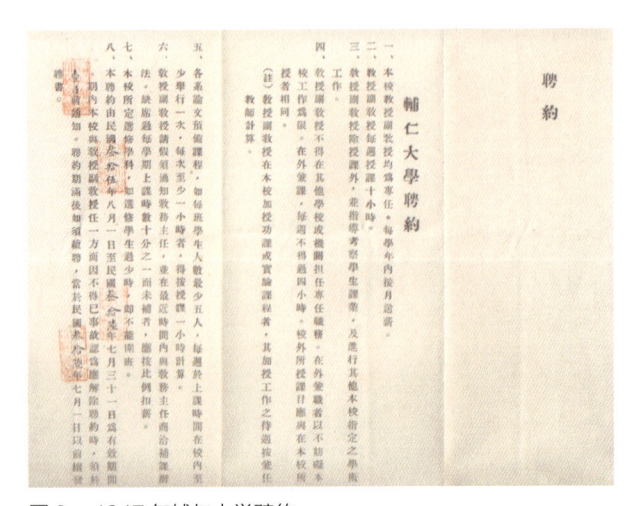

图3　1947年辅仁大学聘约

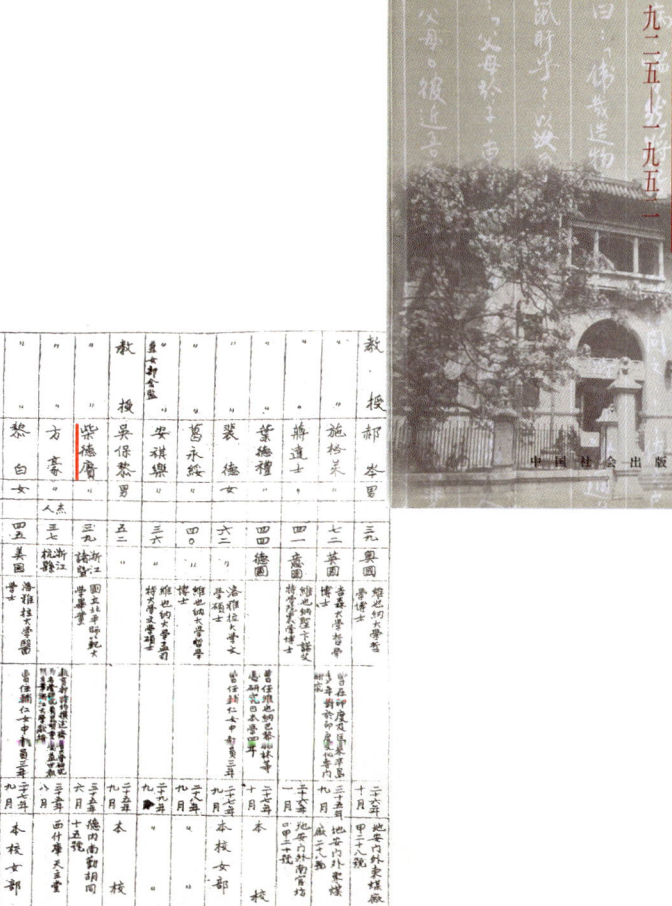

北归返师门 | 1946—1952

1946年辅仁大学教员中外籍教授共49人，史学系同门张鸿翔、余逊晋教授。（图4）

图4 1946年辅仁大学教授表
选自《北京辅仁大学校史》。

1947年农历正月初九即1月30日是柴德赓1944年离开北平纪念日，陈垣与刘乃和姐弟到柴德赓寓所吃鸡素烧，当日有多帧照片留存，柴德赓作诗二首呈师示友。（图5—图8）

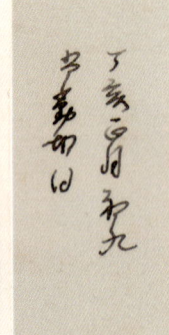

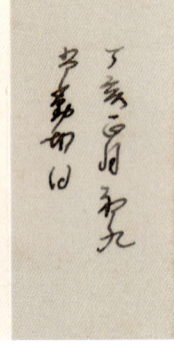

图5 陈璧子与刘乃和

图6 陈垣与柴德赓

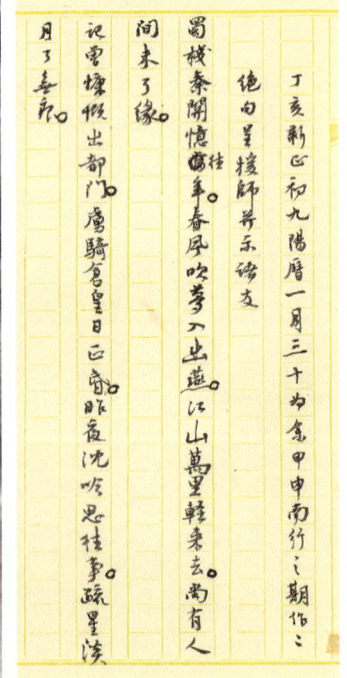

图7 陈垣与柴德赓、刘乃和

图8 柴德赓诗二首

1947年农历正月初九（1月30日）柴德赓全家在尚勤胡同15号，当时柴祖衡留在杭州市立中学读书，未回北平。1947年夏柴祖衡随金毓黻乘船北上，见图9金毓黻信札"令郎"。同日，陈垣携刘乃和、刘乃崇来寓回访。（图10、图11）

图9　金毓黻信札　　图10　柴德赓一家

图11　陈垣与柴刘两家人合影
　　前排左起：柴令文、柴邦衡、柴君衡；后排左起：刘乃和（当时为辅仁大学历史研究所研究生）、陈璧子、陈垣、柴德赓、刘乃崇（当时为辅仁大学国文系学生）。

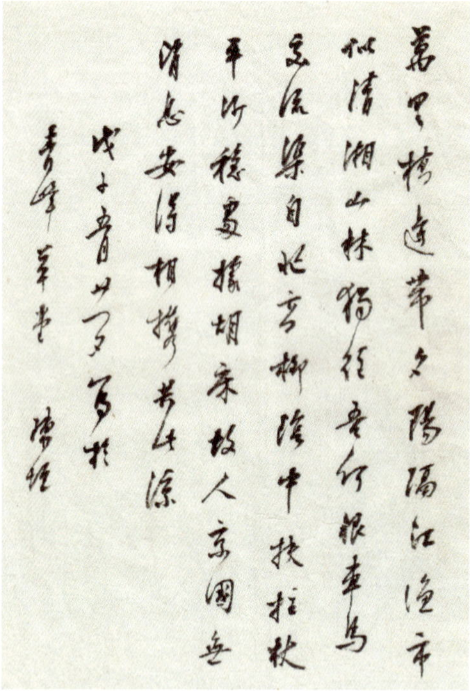

图12 陈垣手书的陆游诗

1948年5月21日，陈垣、启功、周祖谟、刘乃和于青峰草堂雅集，每人书写一幅，柴德赓当日有诗，此为陈垣手书陆游《晚步江上》诗。（图12）

1947年陈垣书《通鉴胡注表微》评论二条，赠柴德赓。（图14）

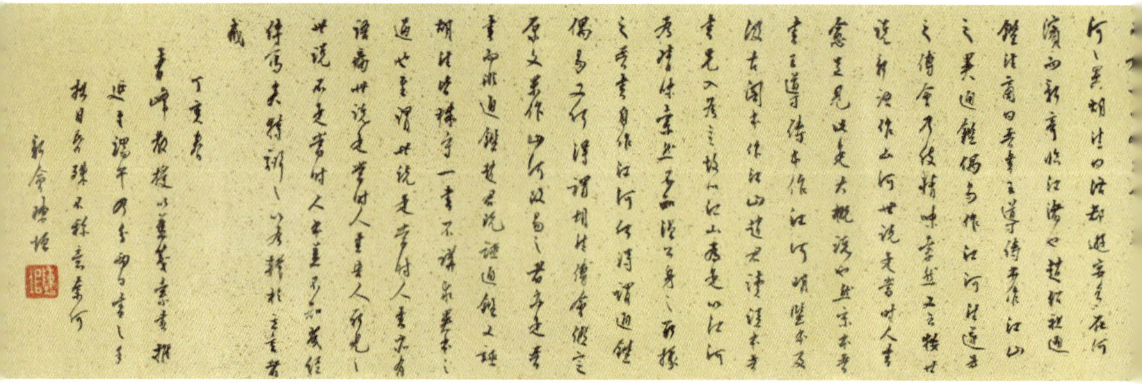

1947年柴德赓以素册征集师友墨宝，首篇为陈垣所书并题签。（图13）

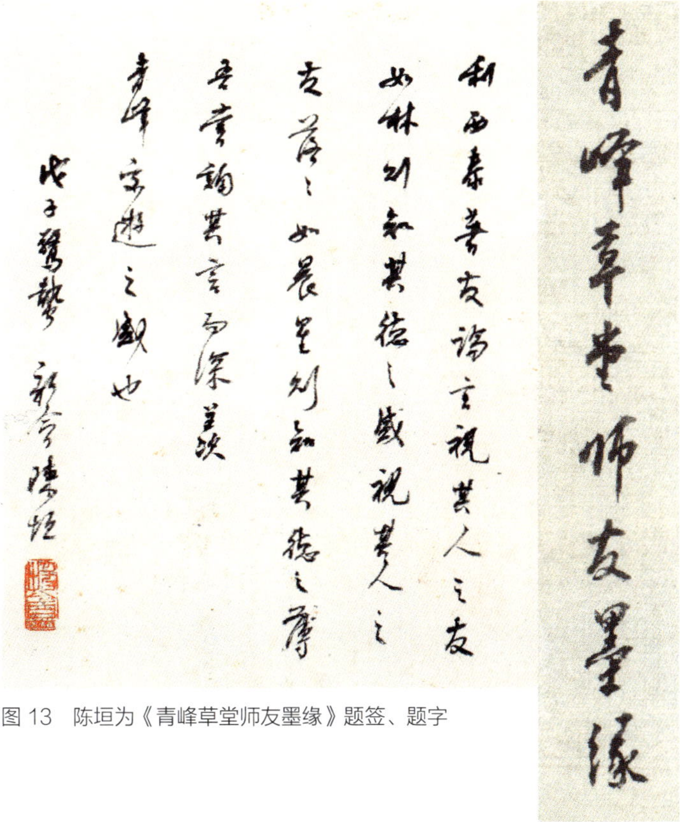

图13 陈垣为《青峰草堂师友墨缘》题签、题字

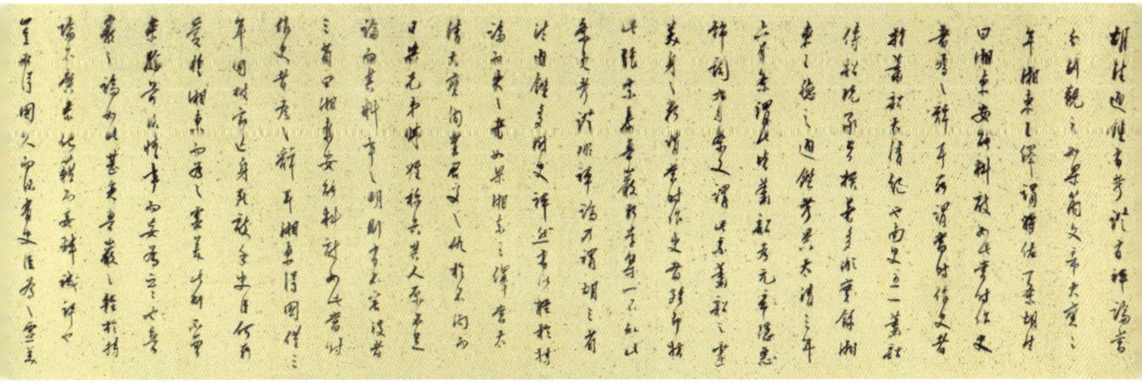

图14 陈垣手卷
现由苏州大学博物馆收藏。

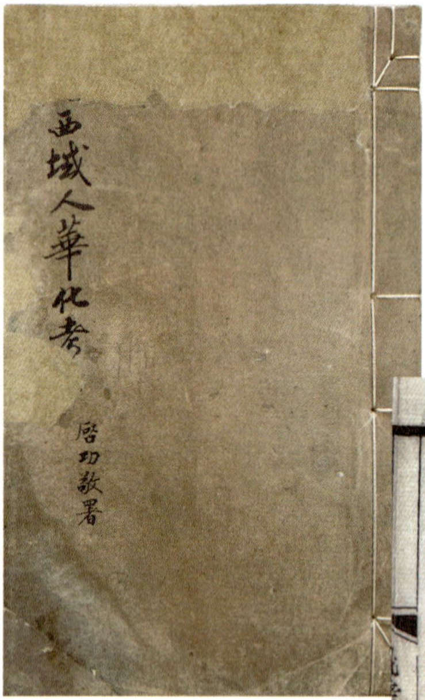

《元西域人华化考》是陈垣的经典之作，此为 20 世纪 30 年代排印本，此书由陈垣亲赠柴德赓。后经离乱和多次搬家，学生借阅，破损不堪。2019 年此书捐赠给北京师范大学图书馆，经修复后收藏。（图 15）

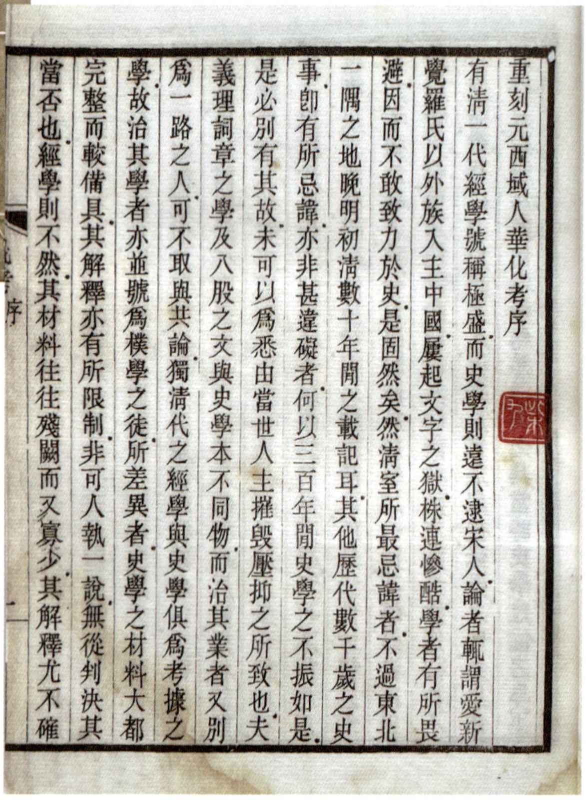

重刻元西域人華化考序

有清一代經學號稱極盛而史學則遠不逮宋人論者輒謂愛新覺羅氏以外族入主中國屢起文字之獄株連慘酷學者有所畏避因而不敢致力於史是固然矣然清室所最忌諱者不過東北一隅之地晚明初清數十年間之載記耳其他歷代數千歲之史事卽有所忌諱亦非甚違礙者何以三百年間史學之不振如是是必別有其故未可以爲悉由當世人主摧毀壓抑之所致也夫義理詞章之學及八股之文與史學本不同物而治其業者又別爲一路之人可不取與共論獨清代之經學與史學俱爲考據之學故治其學者亦並號爲樸學之徒所差異者史學之材料大都完整而較備具其解釋亦有所限制非可人執一說無從判決其當否也經學則不然其材料往往殘闕而又寡少其解釋尤不確

图 15　《元西域人华化考》
封面破损缺失“元”字。

图 16　陈垣赠柴德赓的肖像照
　　　　拍摄于 1947 年 4 月 18 日。

图 17　柴德赓书写的贺寿诗
　　　　1947 年 6 月柴德赓录杨介康贺陈垣五十寿诗。

1947年5月10日，辅仁大学邀请北京大学胡适到校演讲，报告结束后在辅仁大学校门口合影。（图18）

图18　胡适到访辅仁大学
　　前排左起：周祖谟、柴德赓、陈垣、胡适、陈庆华、叶德禄；二排左起：启功、余逊、张鸿翔、刘乃和、尹敬坊、葛信益；三排左起：金家瑞、郭预衡。

图19　1947年4月2日余逊、陈璧子、柴德赓在八达岭长城

图20　1947年4月28日柴德赓与启功在中山公园

抗战时期辅仁大学有"陈门四翰林"之称，指余逊、柴德赓、启功和周祖谟四位青年教师，该戏称源自沈兼士，后成为美谈。（图21）

图21 陈门四翰林

图22 1947年9月28日刘乃和、陈垣、柴德赓、余逊游颐和园

图23 1947年4月合影
辅仁大学同仁祝贺陈垣、余嘉锡当选中央研究院院士。

图24 邀请函一
1947年刘乃和、郭预衡史学研究所毕业邀请。

图25 邀请函二
1948年陈垣当选中央研究院院士答谢邀请。

廊坊头条

1947年12月27日，陈垣、柴德赓、启功、刘乃和、刘乃崇（摄影）五人到银锭桥畔烤肉季吃烤肉，饭后至什刹海、北海踏冰踏雪，启功作诗四首。（图26—图29）

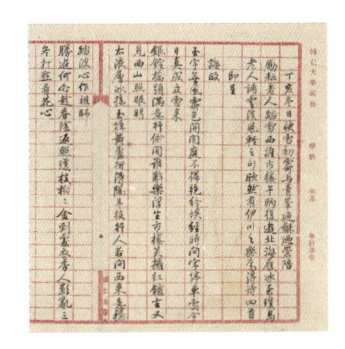

图26 启功作诗四首

图27 北海踏雪

图28 什刹海合影

图29 武吃烤肉

1948 年 6 月 1 日，辅仁大学同仁在中央公园欢迎魏建功和夫人王碧书从台湾归来。（图 30、图 31）

图 30　中山公园一

图 31　中山公园二
前排左一柴德赓、右三萧明华；
后排左起：陈璧子、魏建功、王碧书、牟润孙。

图 32　1947 年 5 月 18 日辅仁大学返校日合影
左起：张重一、沈兼士、赵锡宇、柴德赓。

北归返师门 | 1946—1952

1948年起，柴德赓开始收集师友墨宝，以册页征集，此事延续到20世纪60年代，共二册。（图33、图34，现由苏州大学博物馆收藏）

图33 《青峰草堂师友墨缘》

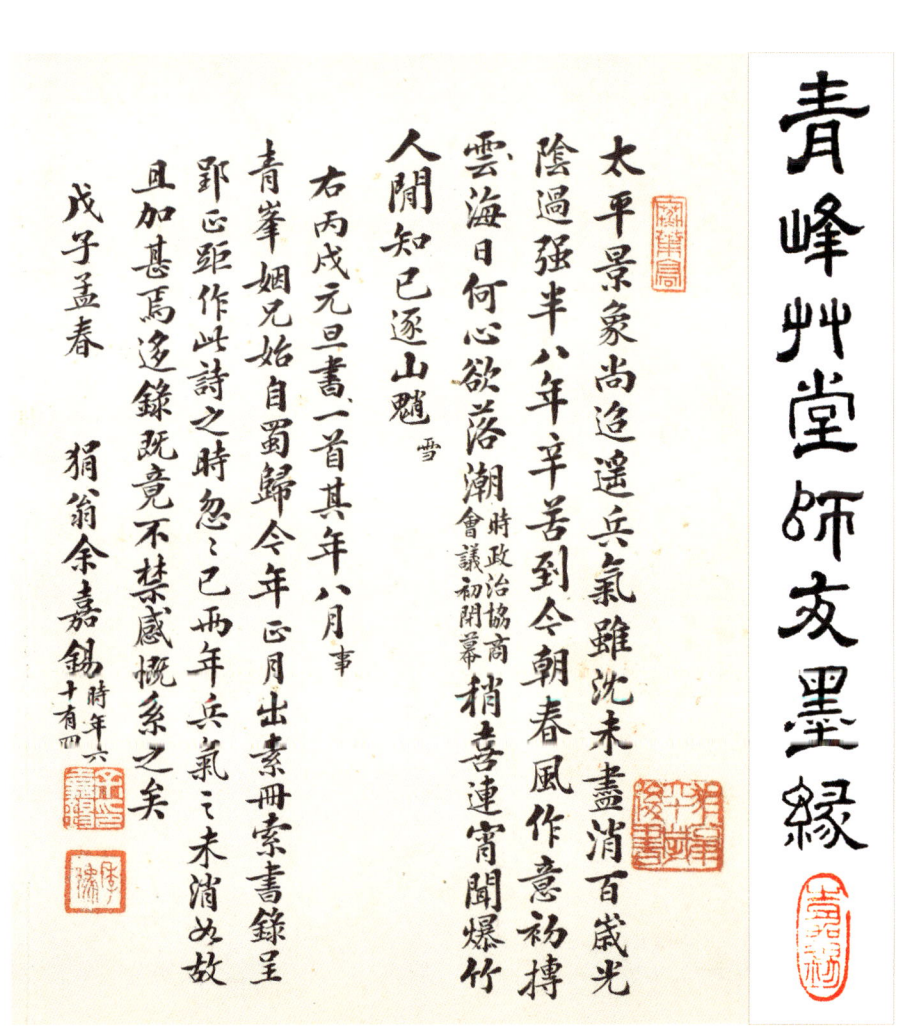

图34 1948年余嘉锡为《青峰草堂师友墨缘》册页题诗及题签

1946年8月台静农应许寿裳之邀，赴台湾大学任中文系教授，不久后任系主任。到台湾后，台静农把书斋命名为"歇脚庵"，照片背后的留言表达出当时的心情。他一直与柴德赓通信，并赠临苏轼兄弟跋《挑耳图帖》。（图35—图37）

图35　台静农寄来的照片及留言
后排右二为台静农。

图36　台静农临苏轼兄弟的跋《挑耳图帖》

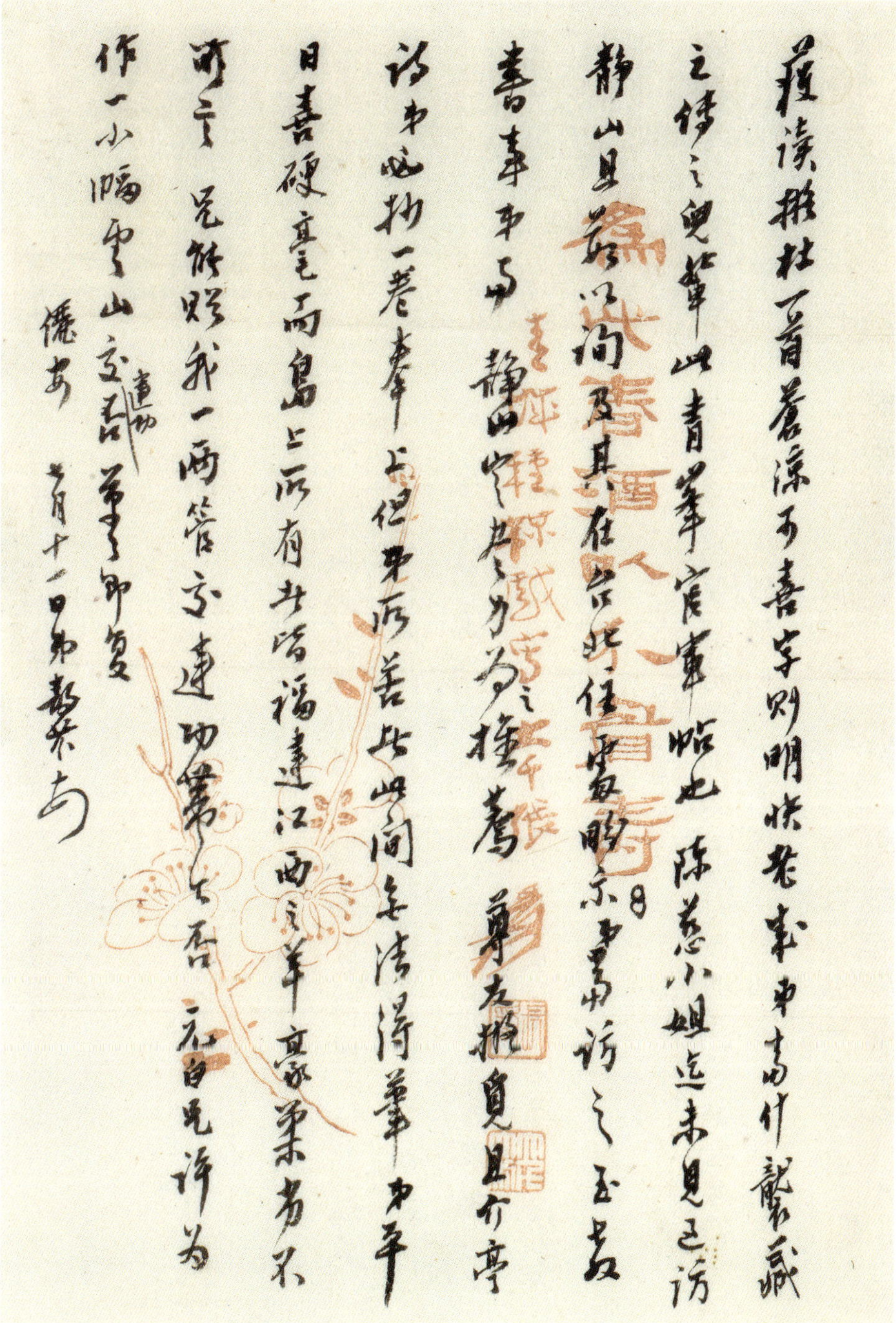

图37 台静农致柴德赓的信札

张子高（1886—1976），湖北枝江人，化学家、教育家，曾任辅仁大学理学院教授，1946年任教于清华大学，后任化学系主任、副校长。曾与柴德赓同寓尚勤胡同15号。（图38、图39）

图38　清华大学合影
左起：张秋华、张子高、柴德赓。

图39　张子高为《青峰草堂师友墨缘》题诗

图40　1948年辅仁大学返校日签到簿题跋

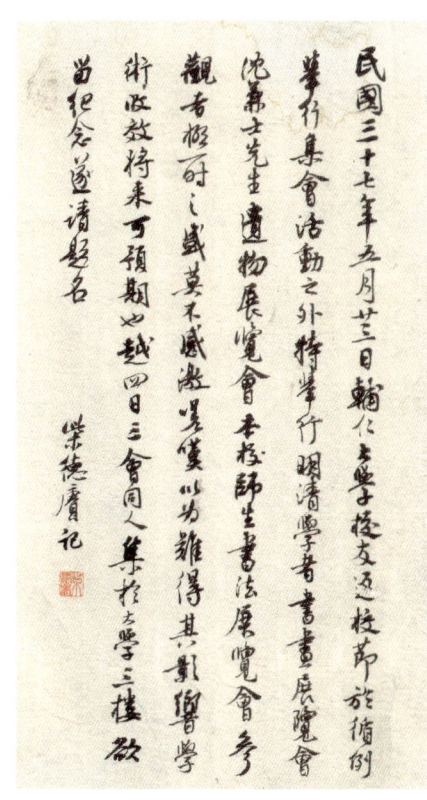

图41　1948年辅仁大学返校日合影一

图42　1948年辅仁大学返校日合影二

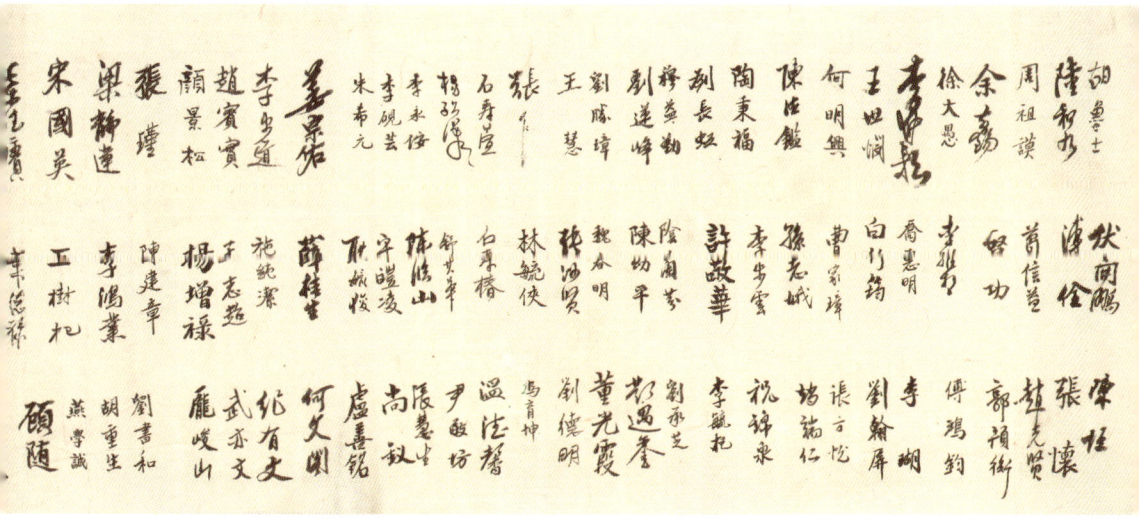

图43　1948年辅仁大学返校日签到簿签名
　　现由国家图书馆收藏。

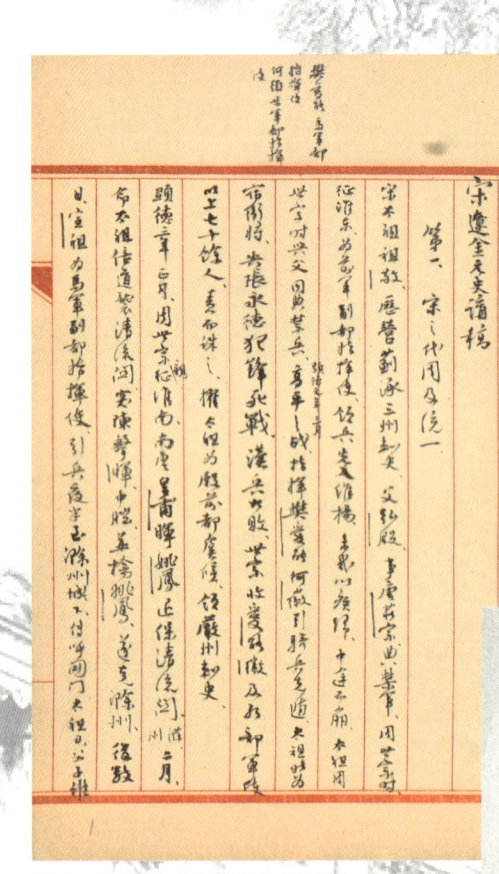

图 44　1946 年《宋辽金元史讲稿》

图 45　1948 年《辅仁学志》刊载的柴德赓论文

尚勤胡同 15 号旧居

图46　1948年柴德赓与陈璧子

图47　1948年陈璧子、刘乃和在辅仁女院

图48　1948年北海公园合影
　　左起：陈璧子、刘乃和、柴令文、柴德赓、陈垣。

1946年后，辅仁大学史学系系主任张星烺患病，一直不能正常教学。1949年初辅仁大学聘任柴德赓为史学系教授、代理系主任。（图49）

图49　辅仁大学聘柴德赓为史学系代主任聘书
　　　现由苏州大学博物馆收藏。

辅仁大学花园一角

1949年夏季，柴德赓参加了学校的政治理论学习班，从10月28日起开始记日记，并在日记簿上写下"新生集"三个字，表达自己想要在新社会做一个新人。这是他第二批日记的开始。（图50）

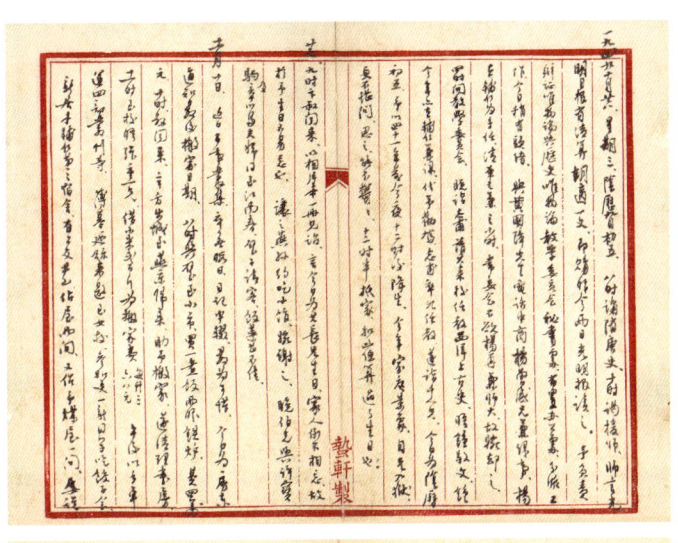

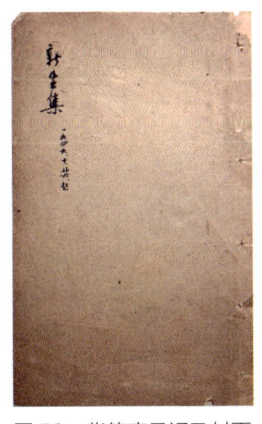

图50 柴德赓日记及封面

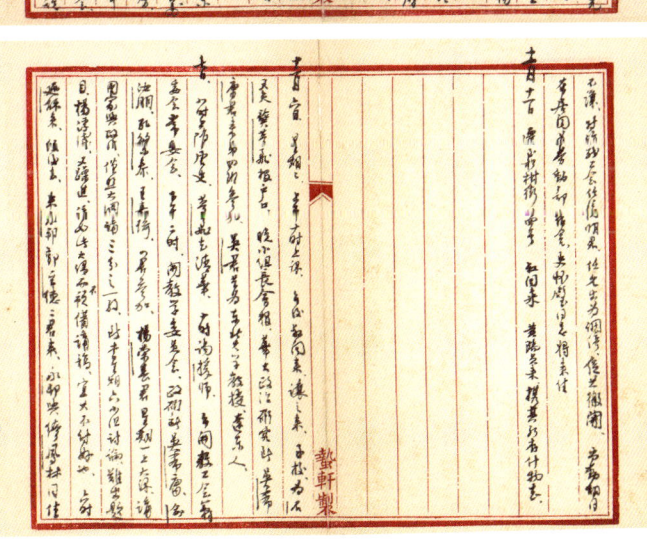

北平和平交接，给普通市民带来新的社会面貌，社会发生深刻变化。柴德赓于 1949 年 3 月 22 日写信给在香港的原白沙女子师范学院学生章佩瑜和其丈夫曾敏之，分享这一喜悦心情。文章后来刊登在《大公报》上，标题《春在北平》，后收录于许涤新《新中国的诞生》一书。（图51—图53）

图51　章佩瑜在白沙女子师范学院　　图52　章佩瑜和曾敏之在香港

图53　《春在北平》

1949 年开始，由于社会活动增加，柴德赓出门都要带一个小笔记本，随时记笔记。第一本笔记是从 7 月 17 日开始记录的，目前可见的笔记本逾 50 册。（图 54—图 56）

图 54　日记一

图 55　日记二

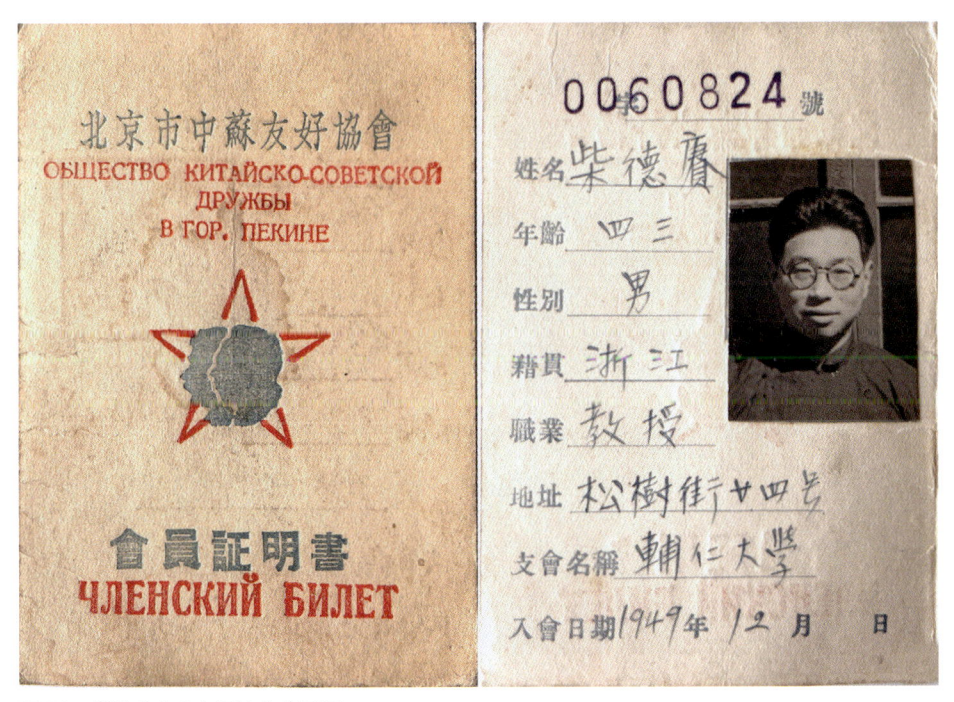

图 56　柴德赓中苏友好协会会员证

1950年1月31日，辅仁大学《新辅仁》创刊，柴德赓题写刊名，并为陈垣校长代写《发刊词》。（图57）《新辅仁》共发行48期，1951年底停刊。

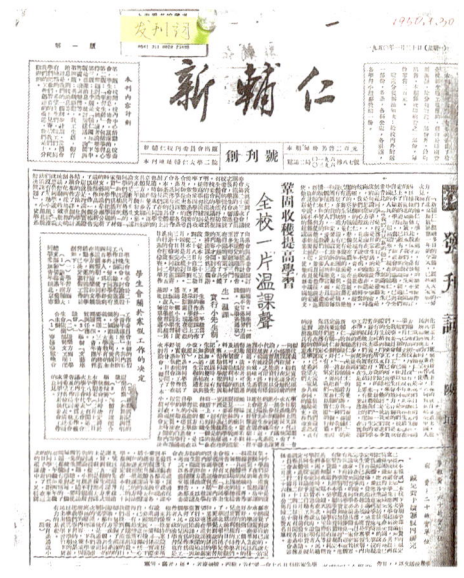

图57 《新辅仁》创刊号
报纸来自上海图书馆。

图58 合影
左起：徐乃乾（中共辅仁大学党支部副书记）、陈璧子、刘乃和、陈垣、□□□。

马叙伦（1885—1970），字彝初，浙江余杭人，教育家、社会活动家、书法家。1950年介绍柴德赓加入中国民主促进会。

图59　马叙伦为《青峰草堂师友墨缘》册页题诗

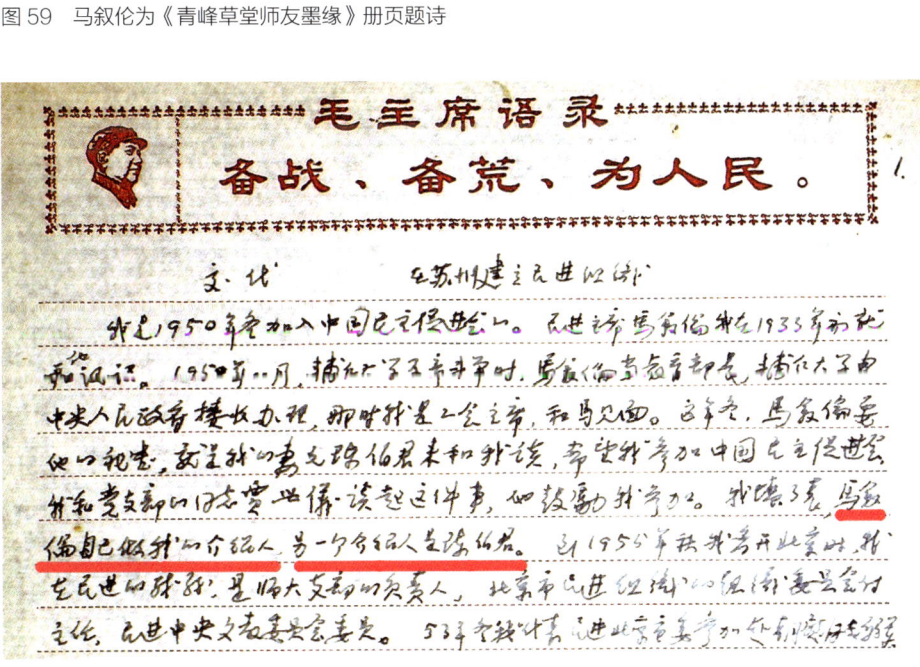

图60　柴德赓档案材料中于1969年叙述和马叙伦的关系

图61　松树街24号辅仁大学宿舍合影
　　　后排左起：□□□、柴祖衡、陈垣、刘乃和、徐乃乾、陈璧子、柴德赓；
　　　前排：柴邦衡、柴君衡。

图62　1950年10月12日中央人民政府接办辅仁大学时合影
　　　二排左五为柴德赓，照片选自《陈垣画传》。

1950 年 9 月 3 日《光明日报》刊登柴德赓《对吕著〈简明中国通史〉的几点意见》，此为柴德赓参加新史学会后，在陈垣的授意下所写的第一篇文章，后合刊于《对吕著〈简明中国通史〉〈中国政治思想史〉几点订正意见》。（图 63）

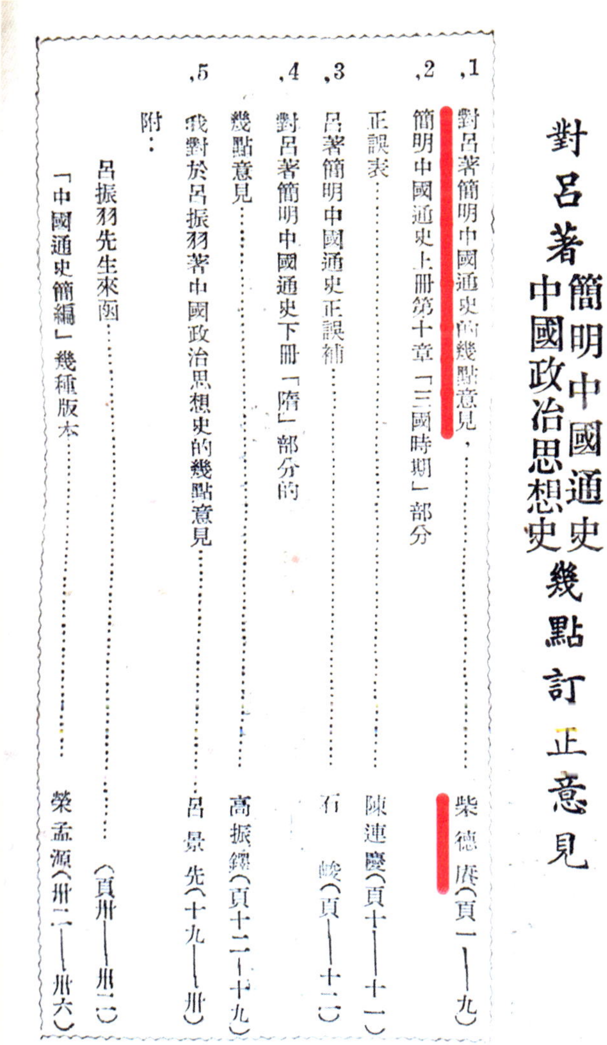

對呂著簡明中國通史 中國政治思想史 幾點訂正意見

1、對呂著簡明中國通史的幾點意見……柴德賡（頁一—九）
2、簡明中國通史上冊第十章「三國時期」部分正誤表……陳連慶（頁十—十一）
3、呂著簡明中國通史正誤補……石　峻（頁一—十二）
4、對呂著簡明中國通史下冊「隋」部分的幾點意見……高振鐸（頁十二—十九）
5、我對於呂振羽著中國政治思想史的幾點意見……呂景先（十九—卅）
附：
呂振羽先生來函……（頁卅—卅二）
「中國通史簡編」幾種版本……榮孟源（卅二—卅六）

图 63　柴德赓文章书影

1951年2月8日至3月12日，柴德赓参加北京教授土改参观团，赴武汉、长沙、衡山等地参观当地土改。土改参观分三个团。（图64—图69）

图64　1951年2月14日《人民日报》报道

图65　陈垣等欢送辅仁大学教授土改参观团团员
　　左起：叶苍岑、柴德赓、陈垣、张重一，2月8日下午出发前在辅仁大学合影。

图66　土改参观团参加农会的会议

图67　土改参观团在衡山县松㧑乡的住地

图68　土改参观团与农民的合影

图69　土改参观团合影
　　前排左起：胡庶华、吴冠中、□□□、朱凡、冯法祀、柴德赓、王式廓；二排左起：谌亚达、杨人楩、朱光亚、邢其毅、孙确基、郑天挺；三排：俞敏（左二），曾炳钧（右一）；四排左起：张维、戴涯、冯文慈、包天池。

土改参观结束后回到北京，柴德赓作报告现身说法，依据所写对土改的认识，在全市大会上发言。（图70—图72）

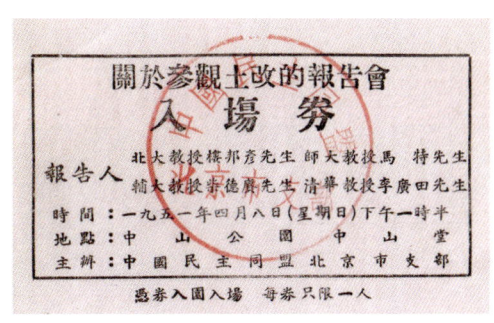

图70 土改参观报告会入场券

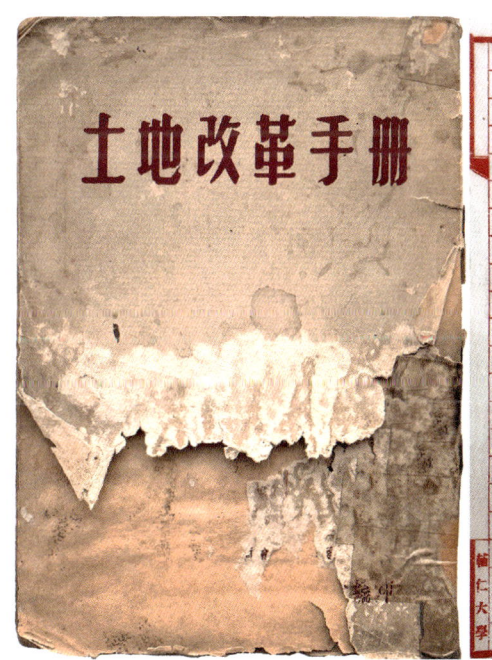

图71 中南局发的《土地改革手册》

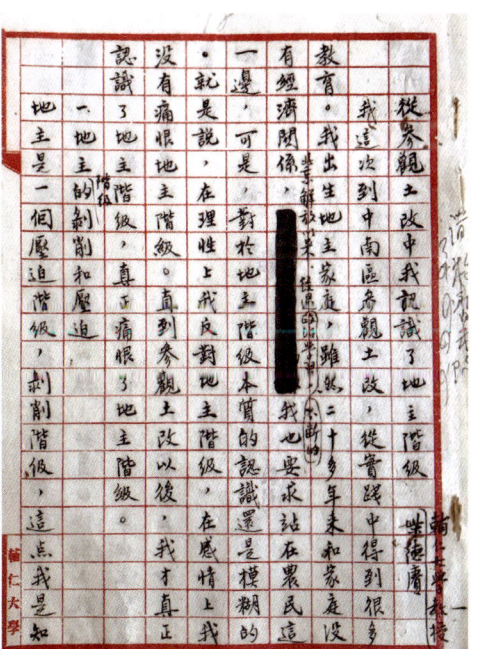

图72 柴德赓土改参观总结

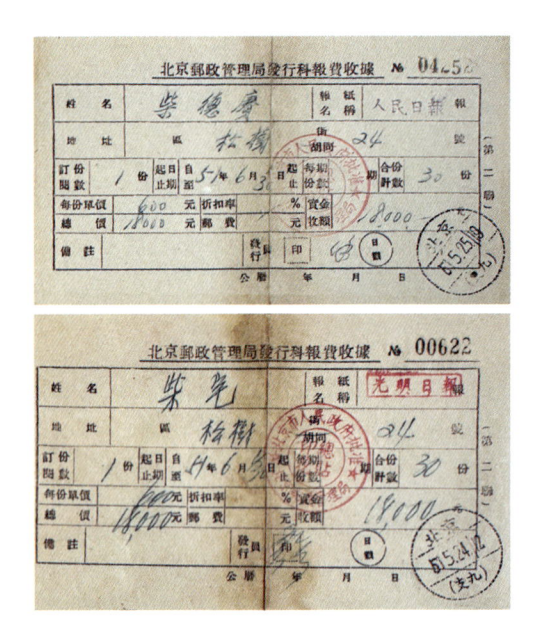

图 73 订阅报纸收据

图 74 土改参观笔记
土改参观 2 月 8 日出发, 3 月 14 日返京, 共有笔记 3 册, 近 10 万字。

北归返师门 | 1946—1952

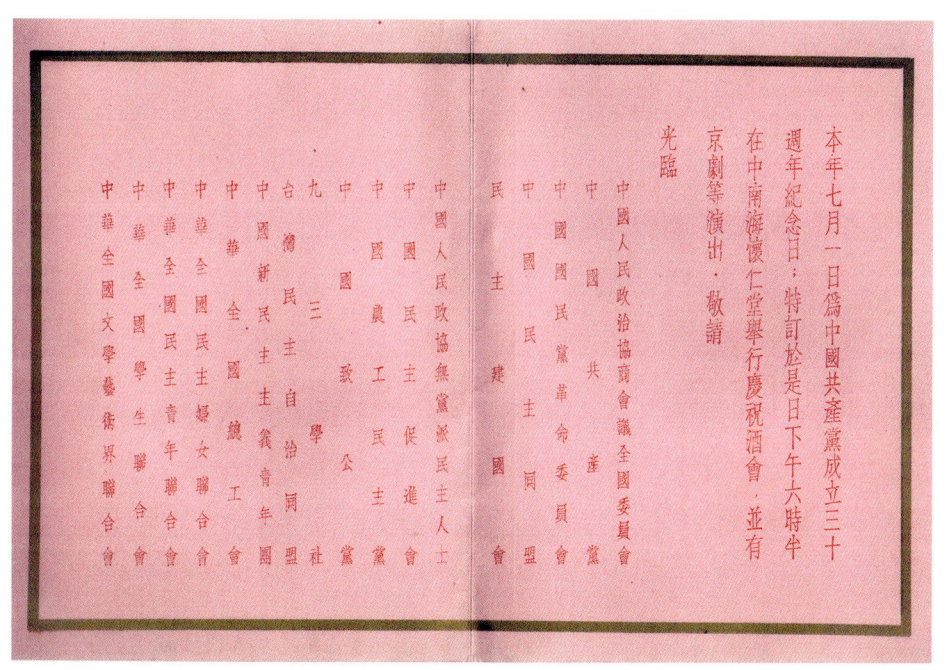

图 75　1951 年 7 月 1 日柴德赓参加怀仁堂建党 30 周年庆祝酒会的请柬

图 76　松树街 24 号辅仁大学宿舍合影
　　　左起：柴德赓、陈璧子、□□□。

图77　兴化寺5号合影
　　　陈垣、陈仲益（陈垣次子）、柴德赓。

图78　柴德赓出席国庆观礼代表证

1951年10月，辅仁大学由中央政府接办一周年，学校举办庆祝活动。（图79）

图79　新辅仁校庆合影
　　　刘乃和、柴德赓、刘乃崇。

为响应文化批判运动,柴德赓的文章《武训是不是历史罪人?》刊载于1951年6月8日《进步日报》。(图80)

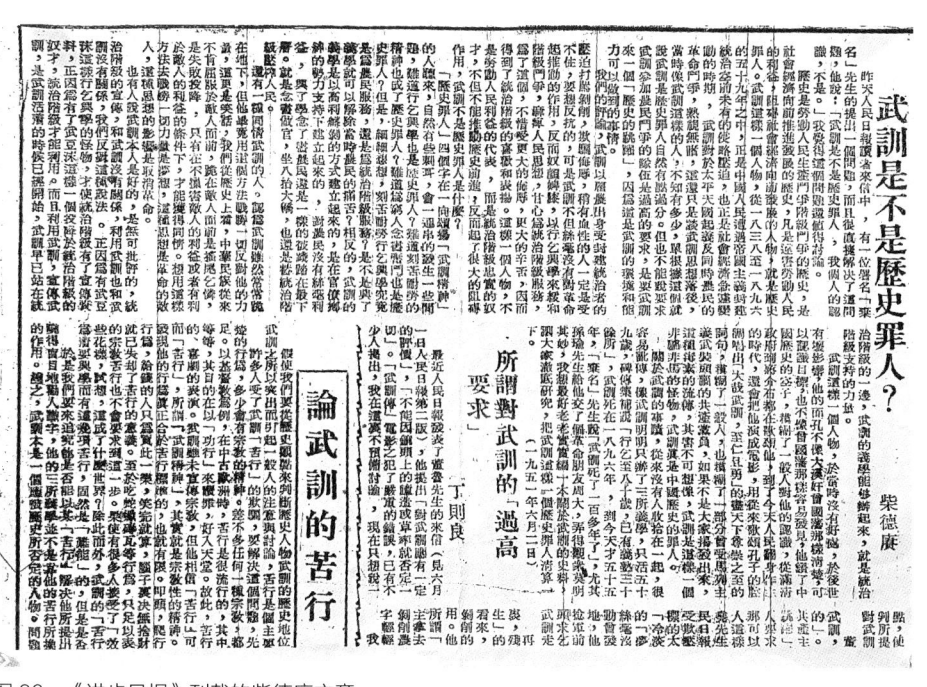

图80 《进步日报》刊载的柴德赓文章

辅仁大学花园

1952年思想改造和"三反"运动中,柴德赓整理自己和陈垣校长23年的师生关系。(图81)

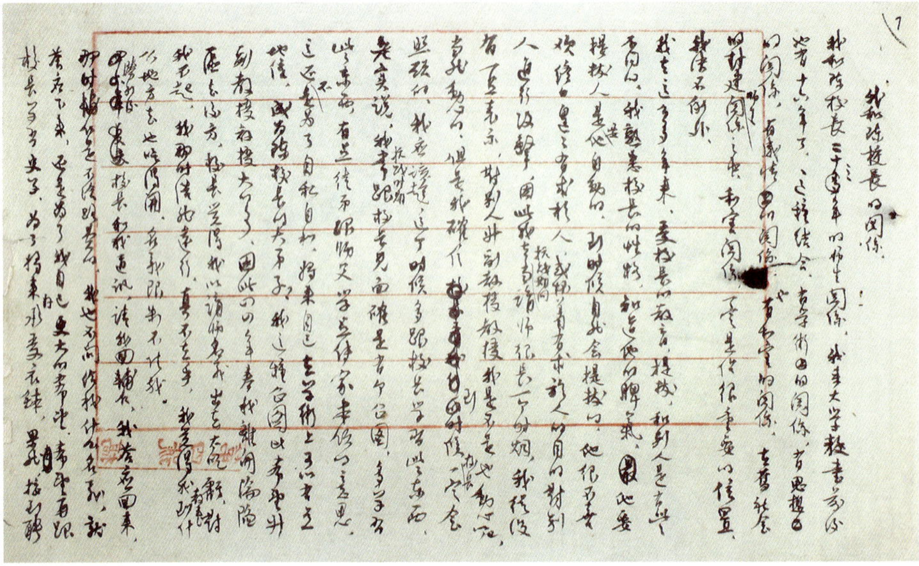

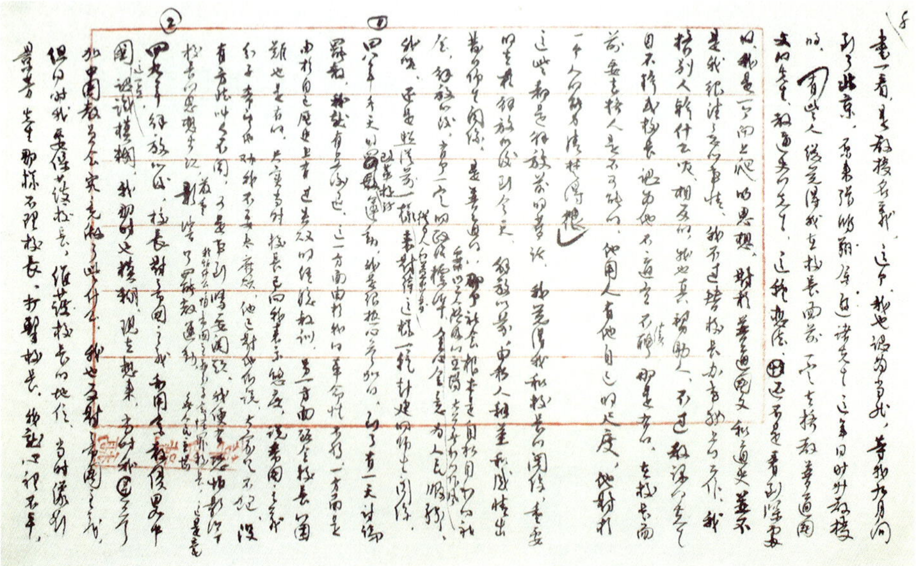

图81 柴德赓发言稿
原稿4页,此为前2页。

1949 年以后，柴德赓开始填写各类履历表，图 82 为所填写第一份表格，且每次填表都留有备份。（图 83）

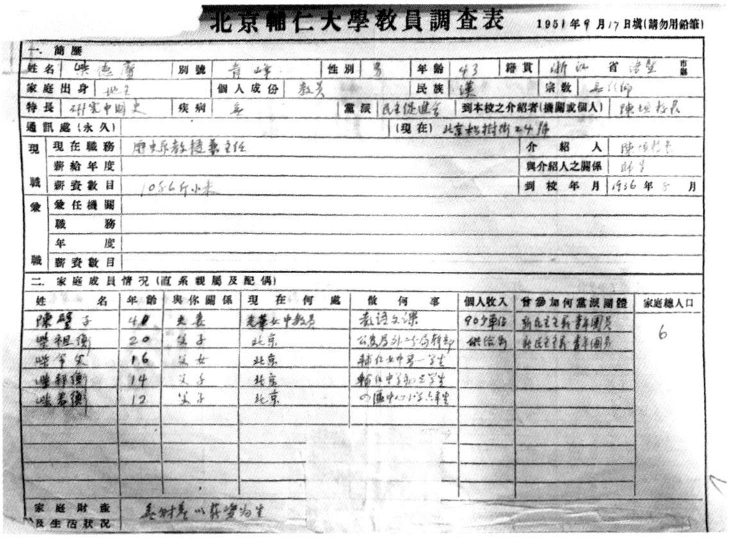

北京輔仁大學教員調查表　1951年9月17日填(請勿用鉛筆)

一、簡歷

姓名	柴德赓	别號	青峰	性别	男	年齡	43
籍貫	浙江省诸暨市縣	家庭出身	地主	個人成份	教员	民族	漢
宗教	无信仰	特長	研究中国史	疾病	无	黨派	民主促进会
到本校之介紹者(機關或個人)	陳垣校長	通訊處(永久)		(現在)	北京松树街24号		

現職 現在職務	历史系教授兼主任	介紹人	陳垣校長
薪給年度		與介紹人之關係	師生
薪資數目	1056斤小米	到校年月	1936年5月
兼職 兼任機關			
職務			
年度			
薪資數目			

二、家庭成員情況(直系親屬及配偶)

姓名	年齡	與你關係	現在何處	做何事	個人收入	曾參加何黨派團體	家庭總人口
陳璧子	41	夫妻	光華女中教员	教语文课	90分单位	新民主主义青年团员	6
柴祖衡	20	父子	北京	公安局外二分局干部	供给制	新民主主义青年团员	
柴令文	16	父女	北京	辅仁女中高一学生			
柴邦衡	14	父子	北京	辅仁中学初三学生			
柴君衡	12	父子	北京	四区中心小学六年生			

家庭財產及生活狀況	无财产以薪资为生

图 82　履历表一

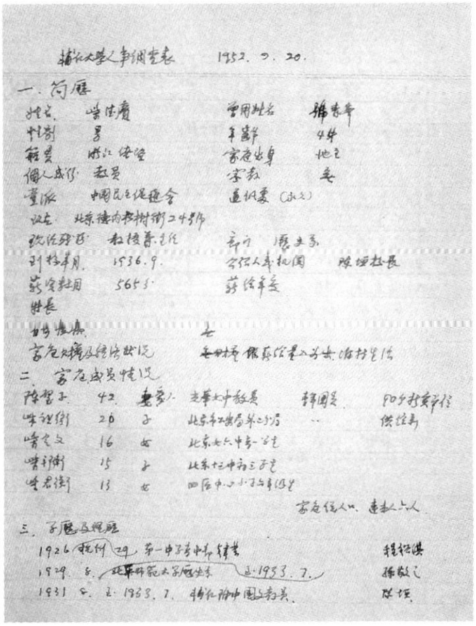

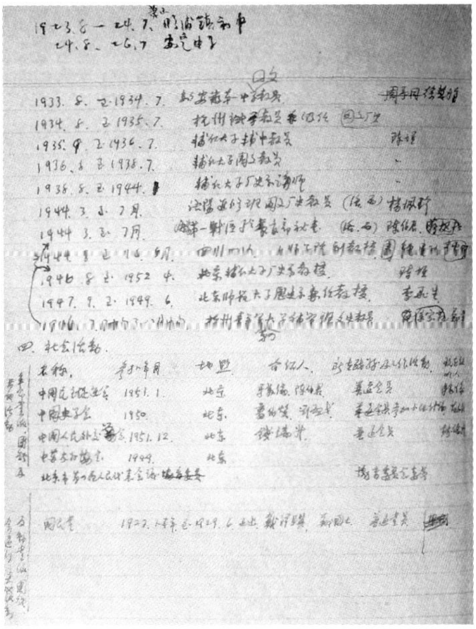

图 83　履历表二

图 84　1952 年柴德赓于西郊公园（动物园）

图 85　1952 年辅仁大学史学系学生于北海合影
右一金秀英，右二柴德赓。

图 86　1952 年合影
左起：柴德赓、陈璧子、洪美英、陈乐素。

图 87　1956 年合影
左起：陈璧子、柴德赓、刘乃和、陈乐素。

第五章
任教北师大（1952—1955）

北京师范大学南院

北京师范大学实验小学

任教北师大 | 1952—1955

辅仁大学校牌摘下，换上北京师范大学校牌。（图1、图2）

图1　北京师范大学校徽

图2　1952年10月柴德赓与新师大周海婴摄。

北京师范大学南院

图3　启功为陈璧子绘的扇面

图4　1952年夏柴德赓、刘乃和、陈垣在颐和园

图5　1952年陈垣一家与柴德赓一家合影于励耘书屋前
　　　前排左起：柴令文、陈韶、陈垣、柴君衡、陈智纯；
　　　后排左起：柴祖衡、谭景莹、郭玢、洪美英、陈乐素、柴德赓、柴邦衡、陈璧子。

代表單位組	姓名	性別	年齡	職務	地址電話等
市委	趙凡	男		市委秘書長	東交民巷市委 5-1836
市府	劉仲華	男		房管局局長民革北京市分部常委	南灣子13號房地產管理局 5-5239
和大分會	陳哲文	男		和大北京分會常委副區長女十二中校長	東單府園8號 5-5506
民革	陳銘德	男		民革北京分部委員北京市協商委員會副秘書長	南灣街大港院二 3-5592
民盟	吳昱恒	男		民盟北京市支部委員	司法部街七十二號最高人民法院 5-4601
民建	隋經仁	男		民建北京市分會常委	燈市口十八號中國科學企業公司 5-4601
民進	柴德賡	男		民進北京分社委員理事師大教授	車成門外北京師範大學 4-3236轉
九三	黃孝芳	女		九三京分社委員北大講師	西郊北京大學 4-3231
農工	丘克輝	男	23	農工黨北京市委員會委員兼交通部編譯室工作	辛寺胡同十四號 40-1835
青年團	沈善齊	男	30	青年團北京市委會常委兼組織部長	東長安街青年團市委會 5-0185
工會	蕭墨			北京市總工會財政金融工會主席	公安街財政金融工會 5-2680

图6 北京赴朝慰问团名单

1953年10月4日至12月18日柴德赓参加赴朝慰问团，上为北京团名单，共3页，此为第1页。

图7 赴朝慰问回北京后的照片

图8 在朝鲜前线与人民军、志愿军合影
右三柴德赓（此时眼镜损坏，未戴）。

图9　1953 年 12 月 13 日在丹东合影（局部）
　　二排左二柴德赓。

图10　1953 年 12 月 13 日在丹东合影

聘書

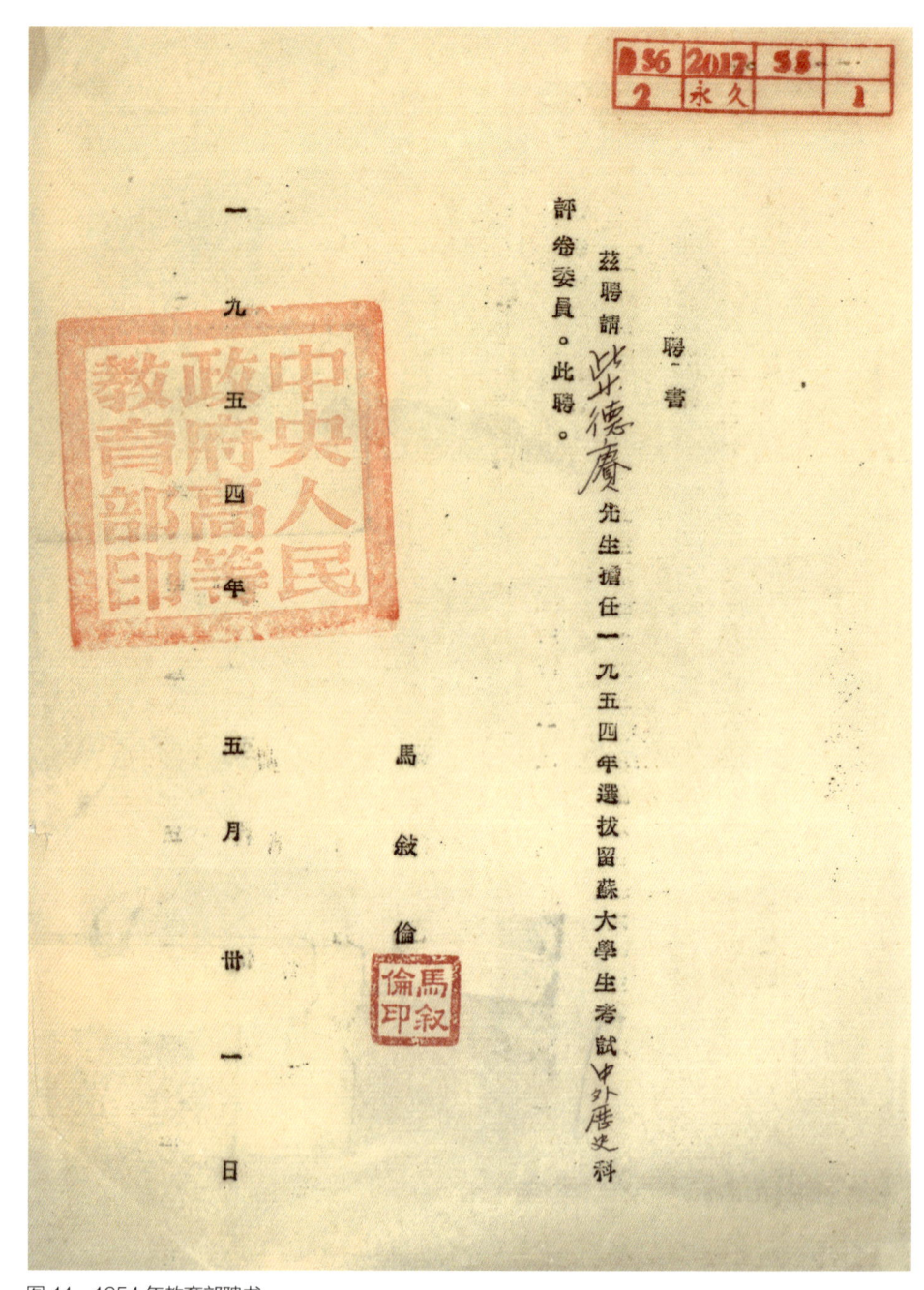

兹聘請 柴德賡 先生擔任一九五四年選拔留蘇大學生考試中外歷史科評卷委員。此聘。

中央人民政府高等教育部印

一九五四年

馬敍倫
馬敍倫印

五月卅一日

图 11　1954 年教育部聘书
　　聘任柴德赓为留学苏联考试评委委员。现由苏州市档案馆收藏。

柴德赓参加《宪法（草案）》讨论共18次，并撰写学习体会文章。（图12、图13）

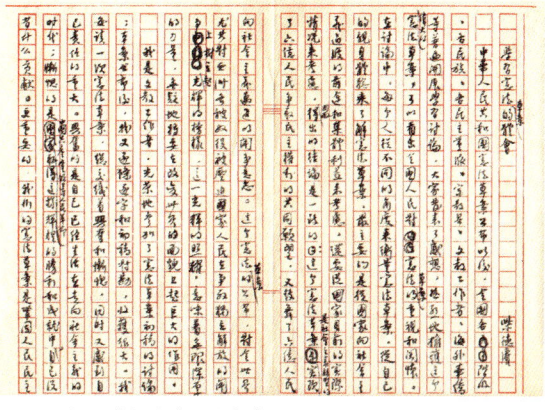

图12 学习《宪法（草案）》体会
共4页，此为第1页。

图13 《宪法（草案）》最后一次会议合影
后排左起第十一人为柴德赓。

1954 年柴德赓根据陈垣校长的意见，在高等师范院校开设“历史要籍介绍”课程。1954 年首先在北京师范大学历史系开设，由柴德赓主讲，刘乃和承担要籍选读课程。全国各高等师范院校均到北京师范大学学习进修。1954 年《人民教育》刊登柴德赓建议开课文章。（图 14）

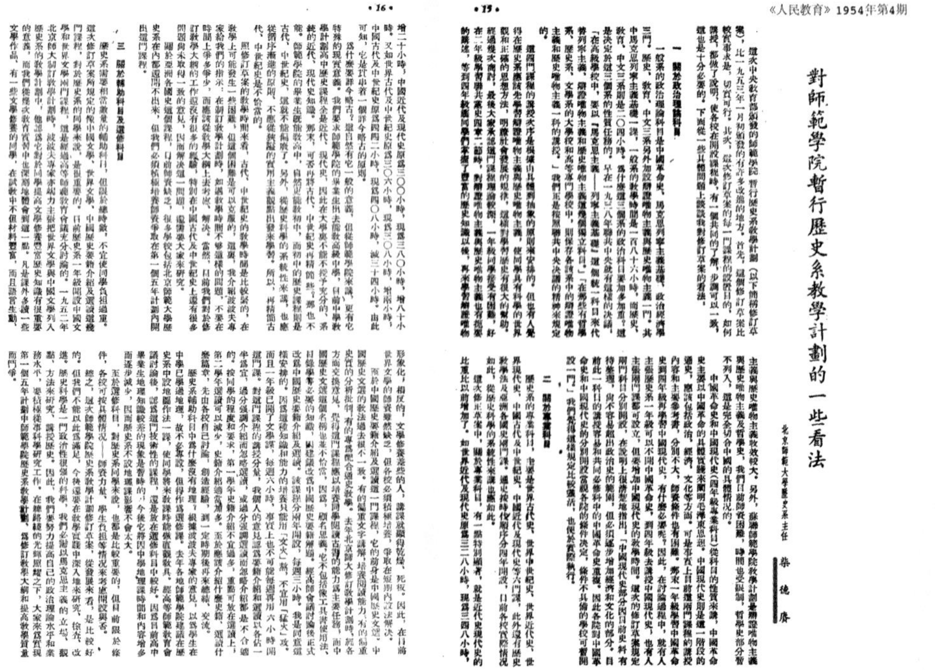
《人民教育》1954年第4期

對師範學院暫行歷史系教學計劃的一些看法

北京師範大學歷史系主任　柴德賡

图 14　柴德赓关于“历史要籍介绍”列入高等教育课程的建议

中国史学会主持撰写《中国历史概要》（1952年内部发行），柴德赓承担隋唐五代宋元部分。（图15）

辅仁大学并入北京师范大学之后，历史教学的重点转向对大中学师资的培养，柴德赓开始研究历史师范学科教学问题。

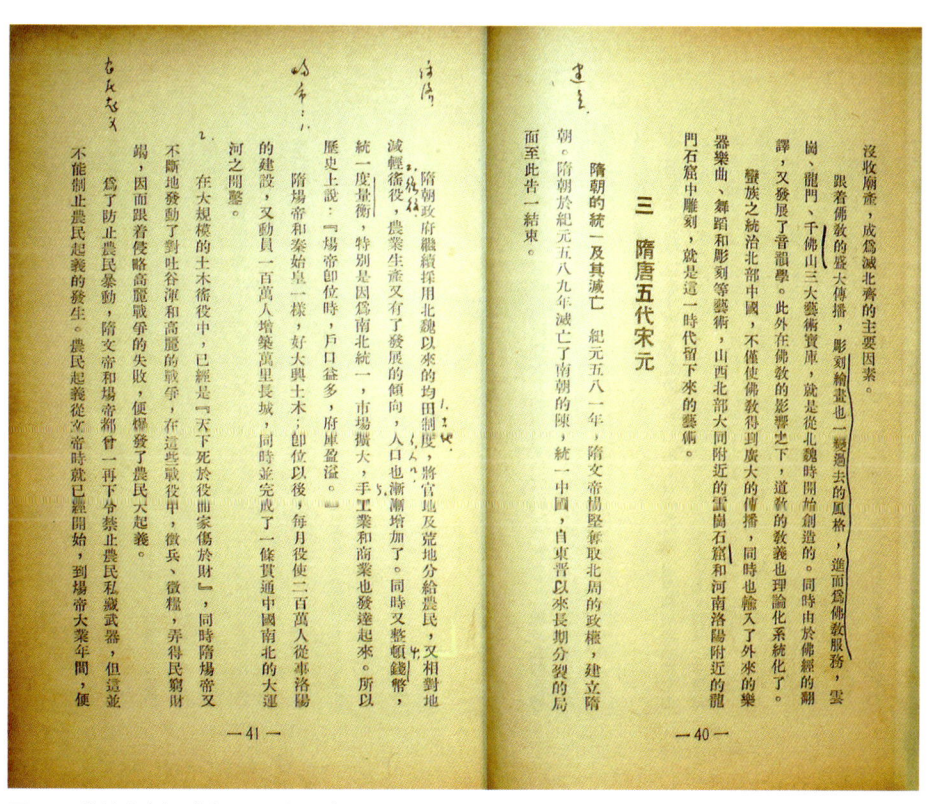

图15 柴德赓参加《中国历史概要》写作

图 16　1955年历史系教师在刚落成的北京师范大学新院新教学楼前合影
　　　　二排左一白寿彝、左三柴德赓。

图 17　北京师范大学历史系师生在十三陵神路合影
　　　　二排右一柴德赓、左二赵光贤。

任教北师大 | 1952—1955　　141

图18　1954年9月27日柴家有了第三代。

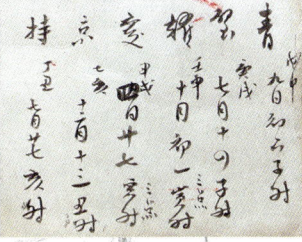

图19　柴德赓记录家庭成员生辰

图20　1953年在龙头井26号全家与亲属合影

龙头井26号

图 21　1952 年柴家三兄弟在松树街合影

图 22　1954 年在龙头井合影
　　　前排左起：柴令文、陈壁子（抱柴念东）、谭景莹；后排左起：柴君衡、柴祖衡、柴邦衡。

第六章
姑苏十六年（1955—1970）

江苏师范学院

东吴大学校园

姑苏十六年 | 1955—1970   145

图1　柴德赓所用校徽

图2　1956年与江苏师范学院历史系学生游天平山
二排左二起：纪庸、柴德赓、陈晶晶。

图3　1955年10月陪同东德历史学家尼希托维斯（前排左三）在苏州访问

1956年1月，柴德赓在华东师范大学做辛亥革命资料整理和研究报告。（图4）

图4 柴德赓在授课

图5 江苏师范学院校园合影

图6 1956年与杨巩（左二）等教师于校内合影

图 7　在虞山寻访太平天国《报恩牌坊碑》和仲雍墓

图 8　1955 年 10 月在常熟合影
　　　左起：陈绍闻、陈越平、陈慧平、柴德赓。

柴德赓到苏州以后，在民进中央和中共苏州市委统战部的领导下，创建苏州地方组织，民进中央几个副主席相继到苏州考察工作。图9为柴德赓写给民进中央信函，汇报苏州民进组织工作情况，图10为许广平在苏州考察。

图9　柴德赓致民进中央的信函
　　　现由北京师范大学图书馆收藏。

图10　留园合影

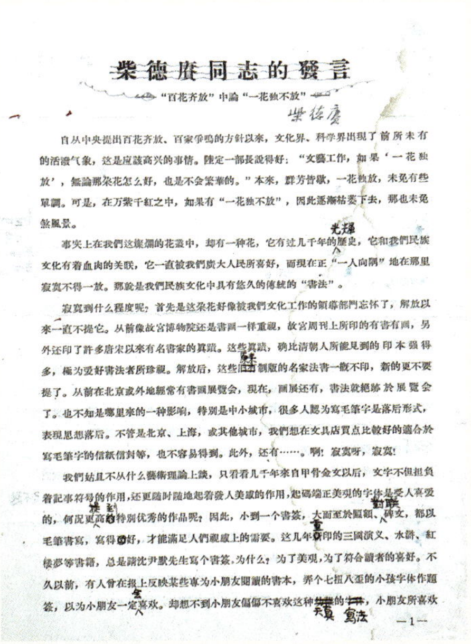

柴德赓同志的發言

——"百花齐放"中論"一花独不放"——

柴德赓

自从中央提出百花齐放、百家爭鸣的方針以來，文化界、科学界出現了前所未有的活潑气象，这是应該高兴的事情。陸定一部長說得好："文藝工作，如果'一花独放'，無論那朵花怎么好，也是不会繁華的。"本來，群芳皆敬，一花独放，未免有些單調。可是，在万紫千紅之中，如果有"一花独不放"，因此逐漸枯萎下去，那也未免煞風景。

事实上在我們这燦爛的花叢中，却有一种花，它有过几千年的歷史，它和我們民族文化有着血肉的关联，它一直被我們廣大人民所喜好，而現在正"一人向隅"地在那里寂寞不得一放。那就是我們民族文化中具有悠久的傳統的"書法"。

寂寞到什么程度呢？首先是这朵花好像被我們文化工作的領導部門忘怀了，解放以來一直不提它。从前像故宮博物院还是書画一样重視，故宮周刊上所印的有書有画，另外还印了許多唐宋以來有名書家的真蹟。这些真蹟，确比清朝人所能見到的印本强得多，極为爱好書法者所珍視。解放后，这些原来製版的名家法書一概不印，新的更不要提了。从前在北京或外地經常有書画展覽会，現在，画展还有，書法就絕跡於展覽会了。也不知是哪里來的一种影响，特别是中小城市，很多人認为寫毛筆字是落后形式，表現思想落后。不管是北京、上海，或其他城市，我們想在文具店買点比較好的適合於寫毛筆字的信紙信封等，也不容易得到。此外，还有……。啊！寂寞呀，寂寞！

我們姑且不从什么藝術理論上談，只看看几千年來自甲骨金文以后，文字不但担負着記事符号的作用，还更隨时隨地起着發人美感的作用，起碼端正美观的字体是受人喜爱的，何况更高的特别优秀的作品呢？因此，小到一个書簽，大而至於匾額、碑文，都以毛筆書寫，寫得好，才能滿足人們視感上的需要。这几年印的三國演义、水滸、紅樓夢等書籍，总是請沈尹默先生寫个書簽。为什么？为了美观，为了符合讀者的喜好。不久以前，有人曾在報上反映某些專为小朋友閱讀的書本，弄个七扭八歪的小孩字体作題簽，以为小朋友一定喜欢。却想不到小朋友偏偏不喜欢这种的，小朋友所喜欢

—1—

图 11　发言稿

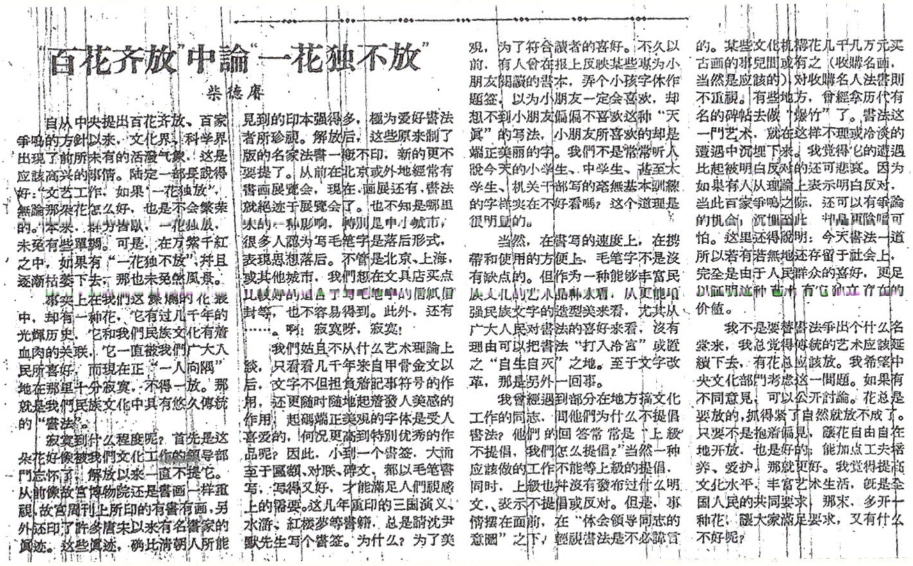

"百花齐放"中論"一花独不放"

柴德赓

自从中央提出百花齐放、百家爭鸣的方針以来，文化界、科学界出現了前所未有的活潑气象，这是应該高兴的事情。陆定一部長說得好："文艺工作，如果'一花独放'，無論那朵花怎么好，也是不会繁荣的。"本来，群芳皆歇，一花独放，未免有些單調。可是，在万紫千紅之中，如果有"一花独不放"，并且逐渐枯萎下去，那也未免煞風景。

事实上在我們这燦爛的花叢中，却有一种花，它有过几千年的光輝历史，它和我們民族文化有着血肉的关联，它一直被我們广大人民所喜好，而現在正"一人向隅"地在那里十分寂寞，不得一放。那就是我們民族文化中具有悠久傳統的"書法"。

寂寞到什么程度呢？首先是这朵花好像被我們文化工作的領导部門忘怀了，解放以来一直不提它。从前像故宮博物院还是書画一样重視，故宮周刊上所印的有書有画，另外还印了許多唐宋以来有名書家的真迹。这些真迹，确比清朝人所能見到的印本强得多，極为爱好書法者所珍視。解放后，这些原来制了版的名家法書一概不印，新的更不要提了。从前在北京或外地經常有書画展覽会，現在，画展还有，書法就絕迹于展覽会了。也不知是哪里来的一种影响，特別是中小城市，很多人認为写毛笔字是落后形式，表現思想落后。不管是北京、上海，或其他城市，我們想在文具店买点比較好的适合于写毛笔字的信紙信封等，也不容易得到。此外，还有……。啊！寂寞呀，寂寞！

我們姑且不从什么艺术理論上談，只看看几千年来自甲骨金文以后，文字不但担負着記事符号的作用，还更随时随地起着發人美感的作用，起碼端正美观的字体是受人喜爱的，何况更高到特別优秀的作品呢？因此，小到一个書签，大而至于匾額、对联、碑文，都以毛笔書写，写得又好，才能滿足人們視感上的需要。这几年重印的三国演义、水滸、紅楼梦等書籍，总是請沈尹默先生写个書签。为什么？为了美观，为了符合讀者的喜好。不久以前，有人曾在报上反映某些專为小朋友閱讀的書本，弄个小孩字体作題签，以为小朋友一定会喜欢，却想不到小朋友偏偏不喜欢这种"天真"的写法，小朋友所喜欢的却是端正美丽的字。我們不是常常听人說今天的小学生、中学生、甚至大学生、机关干部写的毫無基本訓練的字样实在不好看嗎？这个道理是很明显的。

当然，在書写的速度上，在携帶和使用的方便上，毛笔字不是沒有缺点的。但作为一种能够丰富民族文化的艺术品种来看，从更能加强民族文字的造型美来看，尤其从广大人民对書法的喜好来看，沒有理由可以把書法"打入冷宮"或置之"自生自灭"之地。至于文字改革，那是另外一回事。

我曾經遇到部分在地方搞文化工作的同志，問他們为什么不提倡書法？他們的回答常常是"上級不提倡，我們怎么提倡？"当然一种应該做的工作不能等上級的提倡，同时，上級也并沒有發布过什么明文，表示不提倡或反对。但是，事情摆在面前，在"体会領导同志的意图"之下，輕視書法是不必諱言的。某些文化机構花几千几万元买古画的事兒間或有之（收購名画，当然是应該的），对收購名人法書則不重視。有些地方，曾經拿历代有名的碑帖去做"爆竹"了。書法这一門艺术，就在这样不理或冷淡的遭遇中沉埋下来。我觉得它的遭遇比起被明白反对的还可悲哀。因为如果有人从理論上表示明白反对，当此百家爭鸣之際，还可以有爭論的机会，沉埋至此，[illegible]可怕。这里还得說明：今天書法一道所以若有若無地还存留于社会上，完全是由于人民群众的喜好，更足以証明这种艺术有它独立存在的价值。

我不是要替書法爭出个什么名堂来，我总觉得傳統的艺术应該延續下去，有花总应該放。我希望中央文化部門考慮这一問題。如果有不同意見，可以公开討論。花总是要放的，抓得紧了自然就放不成了。只要不是抱着偏見，讓花自由自在地开放，也是好的；能加点工夫培养、爱护，那就更好。我觉得提高文化水平，丰富艺术生活，既是全国人民的共同要求，那末，多开一种花，讓大家滿足要求，又有什么不好呢？

图 12　《人民日报》刊载《"百花齐放"中论"一花独不放"》

1956 年 8 月，柴德赓参加民进第二次全国代表大会，当选中央委员。在大会上发言题目为《"百花齐放"中论"一花独不放"》，呼吁全社会重视书法这个文化遗产。10 月 5 日《人民日报》以同名刊载。（图 11、图 12）

1956年8月，柴德赓在北京参加民进第二次全国代表大会期间，教育部董存才副部长和北京师范大学校长、副校长设宴招待会议代表。（图13、图14）

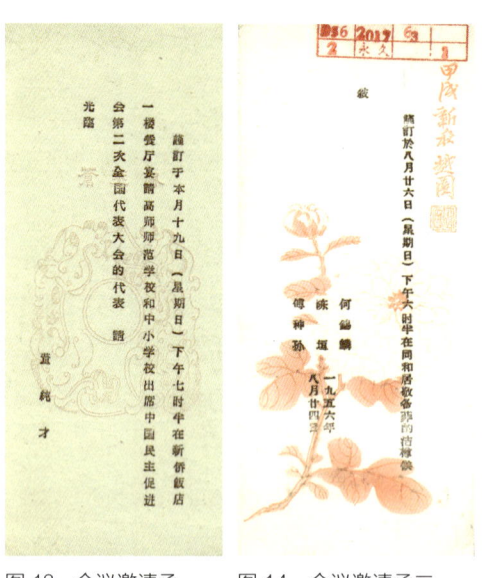

图13 会议邀请函一
现由苏州大学博物馆收藏。

图14 会议邀请函二
现由苏州档案馆收藏。

图15 1956年春节（2月12日）柴德赓和校友给陈垣拜年

1956年2月，柴德赓离开北京前到兴化寺告别留影。此次陈璧子也随同调往苏州任教。（图16）

图16　兴化寺告别留影

2月16日柴德赓、陈璧子南下，陈垣至火车站相送，启功信札提及老师的心情沉重。（图17）

图17　启功信札

1957年2月，启功受叶恭绰委托至上海画院，回程在苏州停留三日，其间柴德赓与启功彻夜长谈，从学术谈到游览。启功回到北京后，将苏州见闻禀报给陈垣校长，后来刘乃和的信札里有所提及。（图18、图19）

图18　苏州合影一
　　　左起：柴德赓、陈璧子、启功。

图19　苏州合影二
　　　与图18同一地点。

疏通知远，

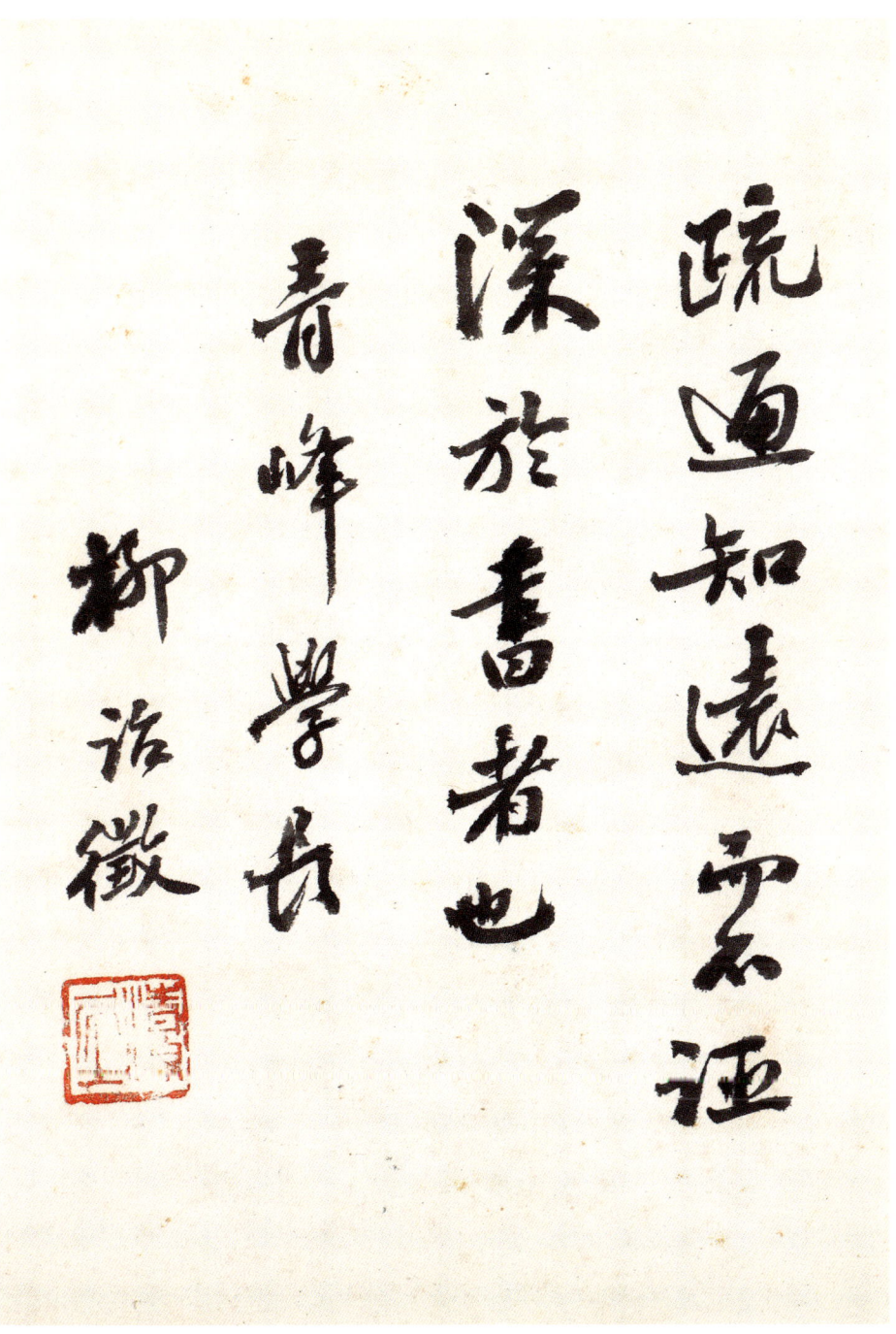

深於書者也

青峰學长

柳詒徵

图20　1956年柳诒徵为《青峰草堂师友墨缘》题字

图 21　陈垣寄给柴德赓的照片及照片背面附字

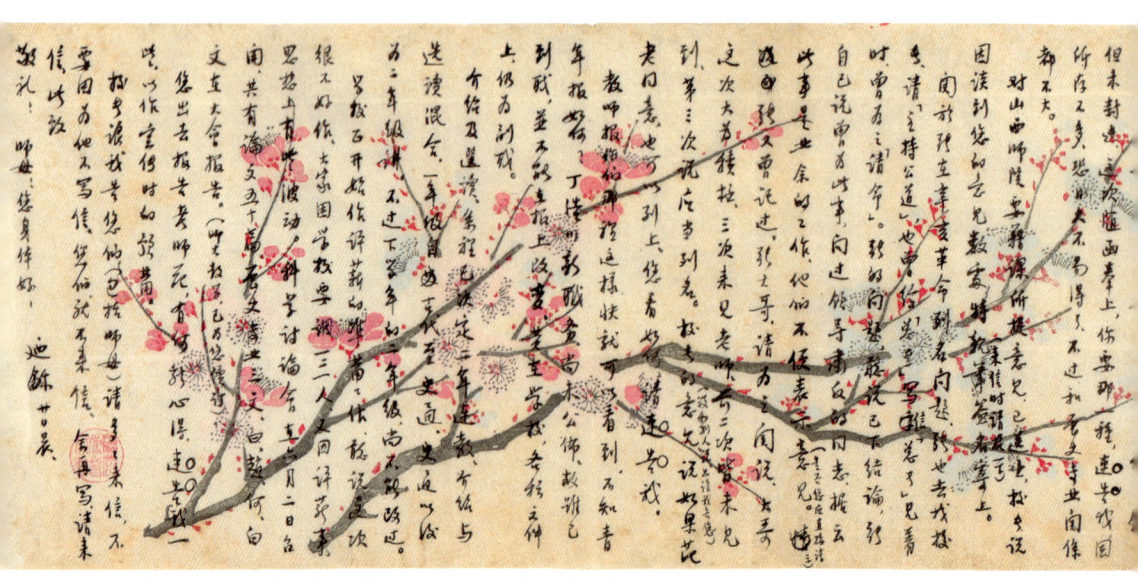

图 22　1956 年 5 月 20 日刘乃和写给柴德赓的信札
　　　现由私人收藏。

柴德赓到江苏师范学院工作后，陈垣、刘乃和每月都有信函寄往苏州，一直保持书信往来。

图23 陈垣寄给柴德赓的照片及照片背面附字

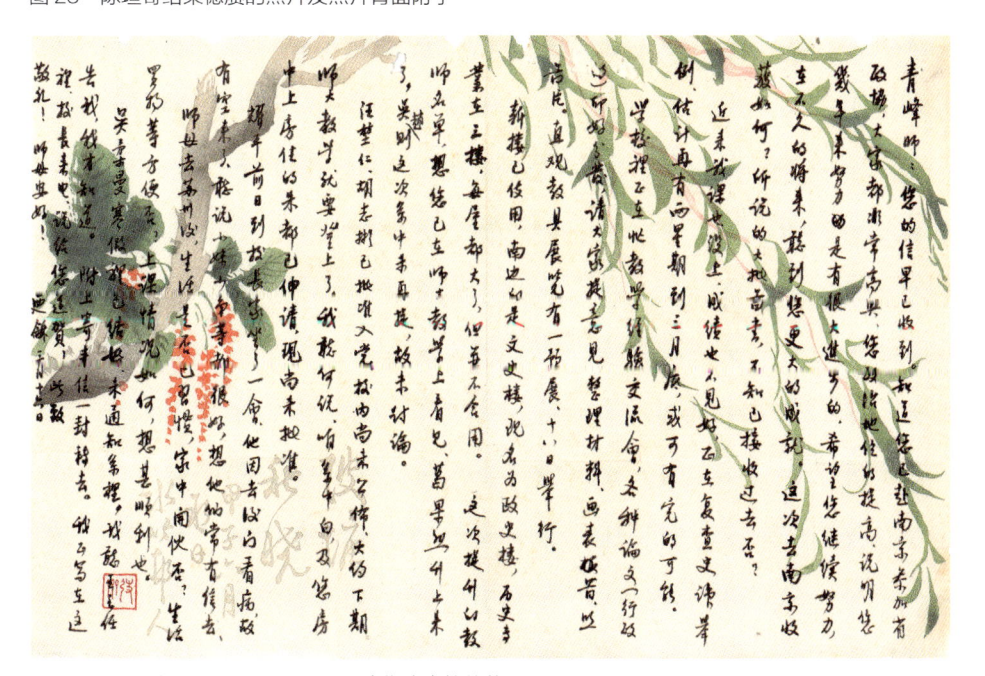

图24 1956年3月16日刘乃和写给柴德赓的信札

1931年柴德赓与陈璧子结婚之后，再也没有机会一起出游。1957年许广平到无锡疗养，二人前往看望，游览鼋头渚。（图25）

图25　1957年无锡合影

1955年9月柴德赓到江苏师范学院任教，开始注重苏州地方史料，在苏州文史界元老的指点下，12月25日找到半埋于玄妙观地下的《永禁机匠叫歇碑》，并考证其来历，揭示其意义，在《文物参考资料》上发表《记〈永禁机匠叫歇碑〉发现经过》一文。现在该碑移至苏州市文庙保护并展览。（图26、图27）

图26 《文物参考资料》1956年第7期

图27 永禁机匠叫歇碑

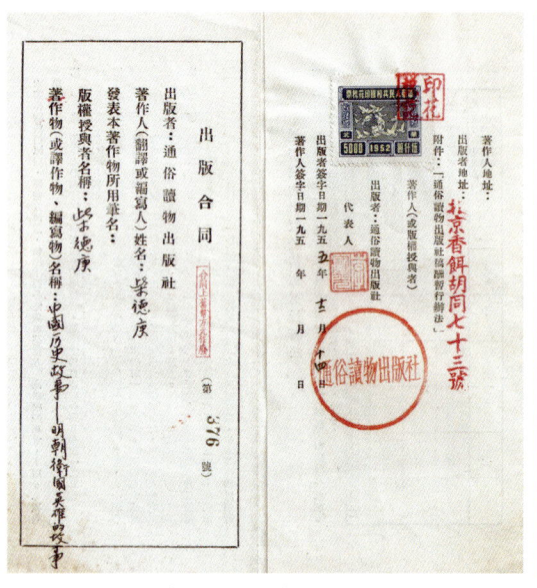

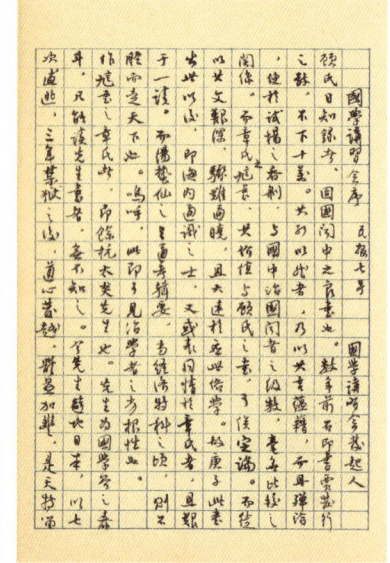

图 28　出版合同（未见出版物）　　　　　　　　图 29　柴德赓收集整理的苏州地方资料

图 30　1957 年柴德赓主编的《辛亥革命》出版

1957年5月2日，应柴德赓之邀，尚钺到访苏州，在江苏师范学院作学术报告。大会结尾柴德赓作即兴总结。（图31、图32）

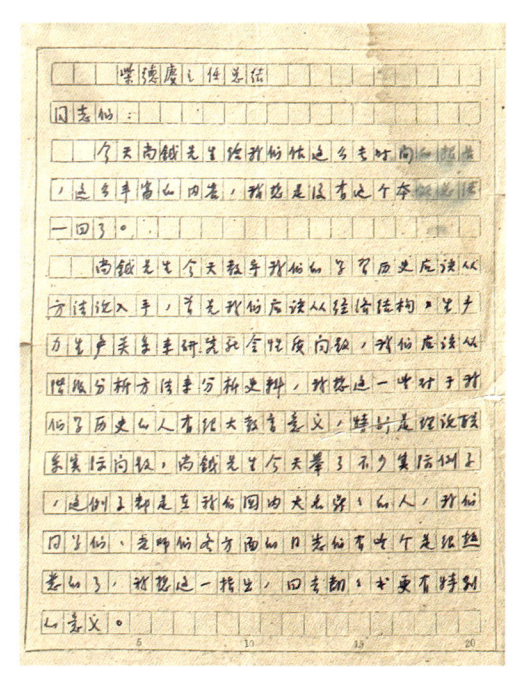

图31　柴德赓大会发言记录稿
　　　共3页，此为第1页。

图32　柴德赓与尚钺在苏州狮子林

景海女中

1956年10月21日，民进苏州市委筹委会成立。1957年5月上旬民进中央召开江浙沪二省一市经验交流会，会上柴德赓介绍苏州民进基层组织发展状况，图33为发言稿，共13叶。

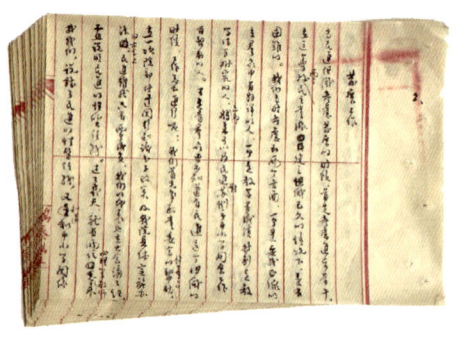

图33 发言稿

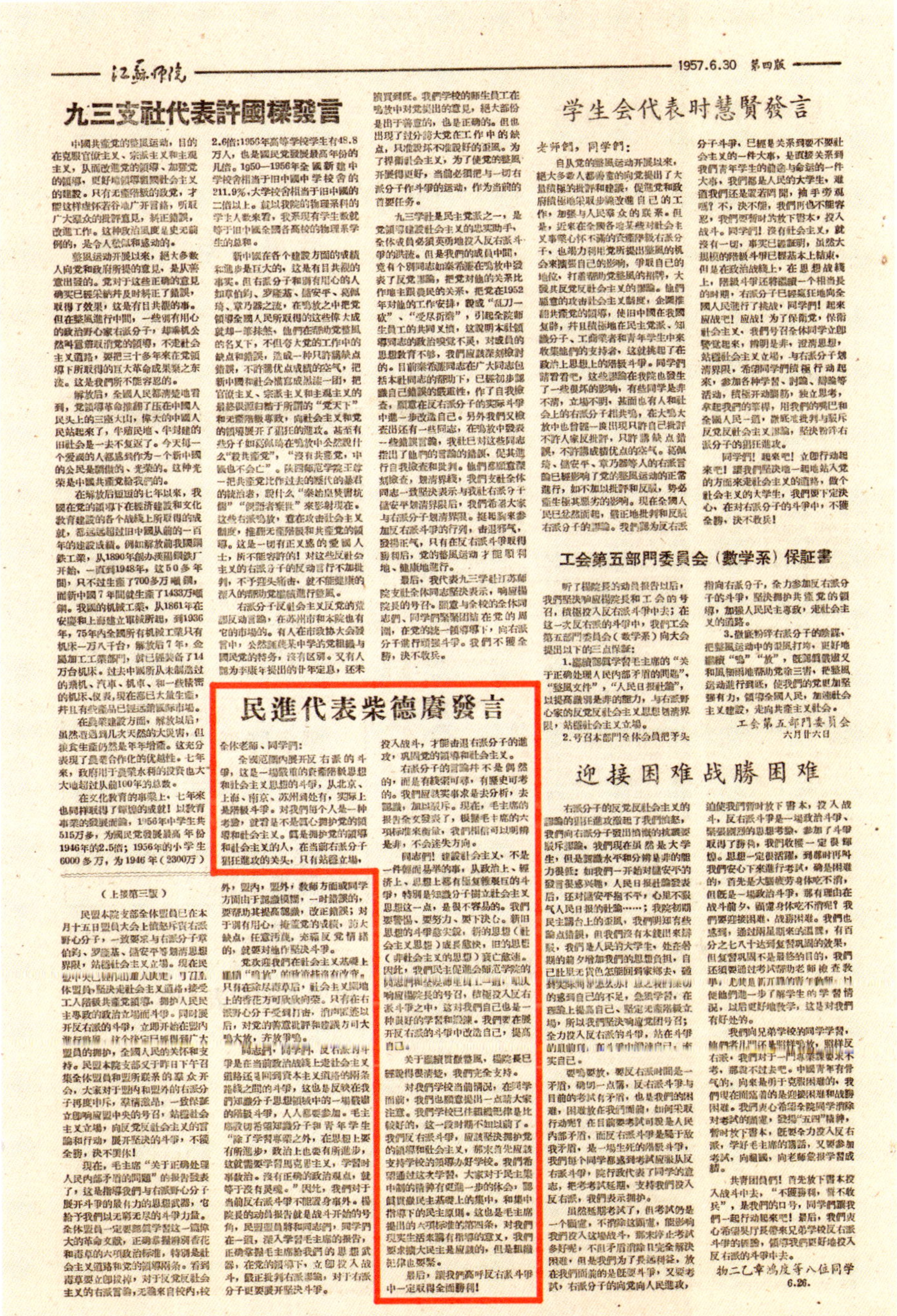

图 34　1957 年 6 月 26 日柴德赓在江苏师范学院反右派大会上的发言

中國民主促進会苏州市籌备委員会主任委員柴德賡同志在苏州市第二届人民代表大会第二次会議上的自我檢查

各位代表、各位同志：

我完全同意和拥护各位首長提出的报告，从各种报告中可以充分說明苏州市解放以来特别是三大高潮以后，各方面所獲得的輝煌成就，有力地粉碎右派分子的无恥爛言。

从党的整風开始到最近反右派斗争深入开展的三个月中，是对每个中國人民特别是知識分子，在复雜变化的階級斗爭中一个嚴重的考驗。我是民進苏州市的負責人之一，在这三个月中，犯了政治上的錯誤——失去了立場的錯誤。今天在这庄嚴的人民代表大会上作嚴肅的檢查。

我的錯誤主要是鳴放中不能掌握政策，而自己有錯誤言論，反右派斗爭中战斗不力，而且起着阻碍作用。

在推动鳴放中，我很積极动員大家鳴放，凡是平常有意見不肯談的人，总希望他能夠談出来。如师院歷史教师陈象著对苏北师專調动他到中学去教書有意見，我鼓励他提意見，或寫文章。苏高中教师張兆星和陳廉員在我家，我問他們在政协小組发言否，他們說不想談，我在政协公开的党派負責人会上就問苏高中教师为什么不鳴放，有什么顧慮。我支持民進公开的几次座談会，鼓励大胆鳴放，消除顧慮，遇到有些尖銳意見，以为是內心話。因为自己对帮助党整風的重大意义，領会不夠，偏面强調鳴放，沒有反复交代政策，对羣众的影响很大。正因为此，我自己对鳴放中应該注意什么，也就放松，像右派分子蔡俊年（民進会員）在师范学院百人大会上的发言，对党和積極分子肆行攻击，我还以为放的好。右派分子紀庸（民進会員）在政协的发言稿，我看过，除了删去关于胡島威的一段外，其余的錯錯論点我竟未发現，可見自己思想上有和他們共鳴的地方。当蔡俊年、張再元大鳴大放之后，还說有顧慮，怕报复，要組織支持，我只覺得他們情緒不对，但不能正面嚴厉批許，而多向他們解釋，甚至于拍了胸脯，表示支持。完全做了她們利用的工具，失去了組織領導者应有的立場。

我自己在鳴放時期的发言也有很多錯誤，如五月十六日在政协对全國政协、省政协派列席代表不开常委会这件事提意見，这是对党的不信任，不从民主集中的原則考慮問題，而是从資產階級的民主观点来看問題。又如我在政协大会发言中，有嚴重錯誤，第一点，說长期共存互相監督的方針提出一年后，統战政策貫徹很不夠，这是抹煞事实的。

— 1 —

图35　1957年8月4日柴德賡在苏州市第二届人民代表大会第二次会议上的自我检查原稿共4页，此为第1页。

图36 1958年柴德赓在交心运动和教育改革运动中受到错误批判

1958 年在交心运动第十次检讨通过后，柴德赓写了一份一万字的总结性检查。（图 37）

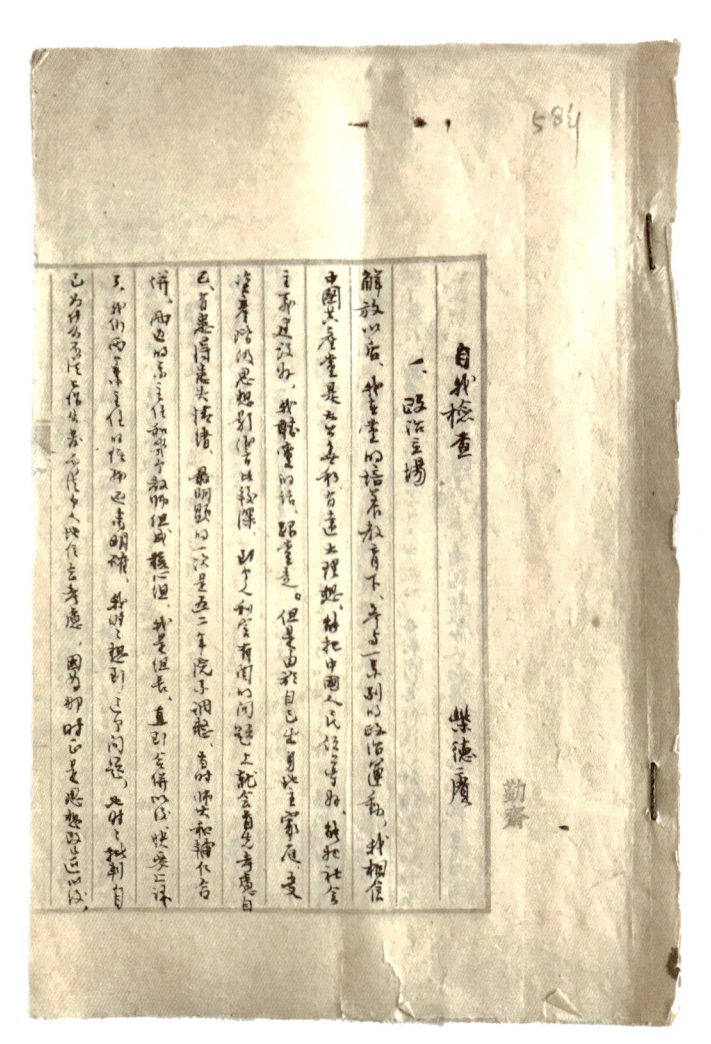

图 37 自我检查

1958年"大跃进"运动,柴德赓开始写日记,正像日记开头所述:"社会主义建设一日千里,工农业生产大跃进,一天等于二十年,安可不记。"此后他一直坚持记日记到1966年。(图38)

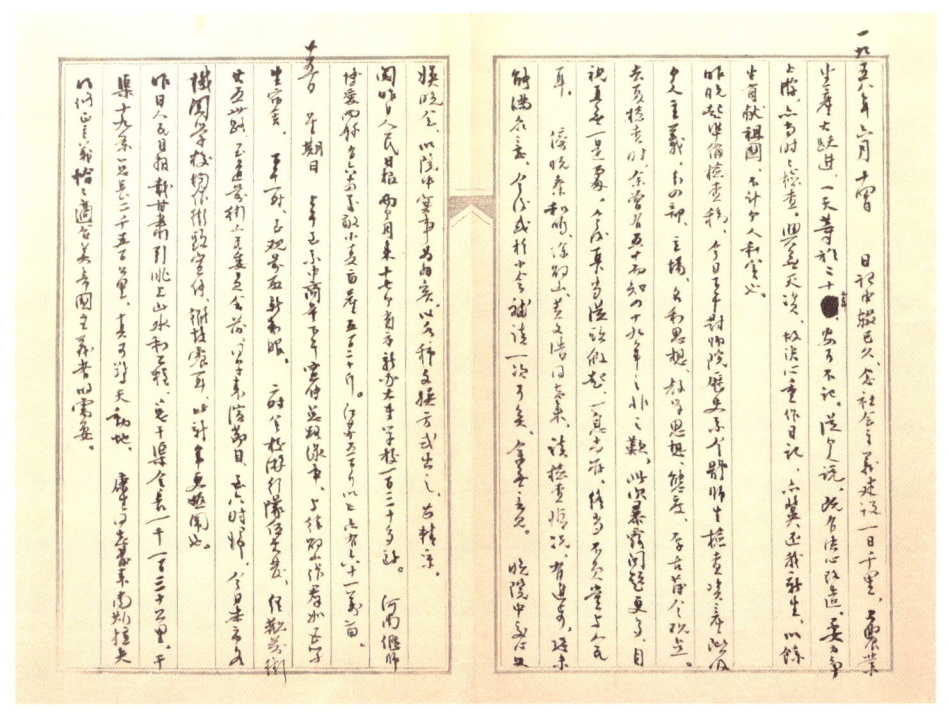

图38　1958年日记

1957—1958年间,柴德赓的笔记本有6本,记录了时代的经历。(图39)

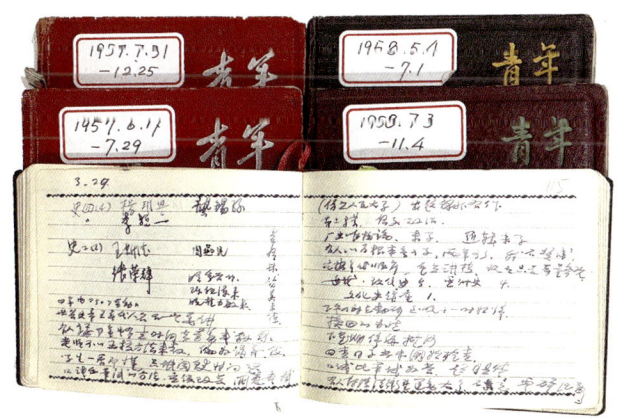

图39　笔记本

1958 年各行各业"大跃进",柴德赓制定个人"跃进"计划。(图 40)

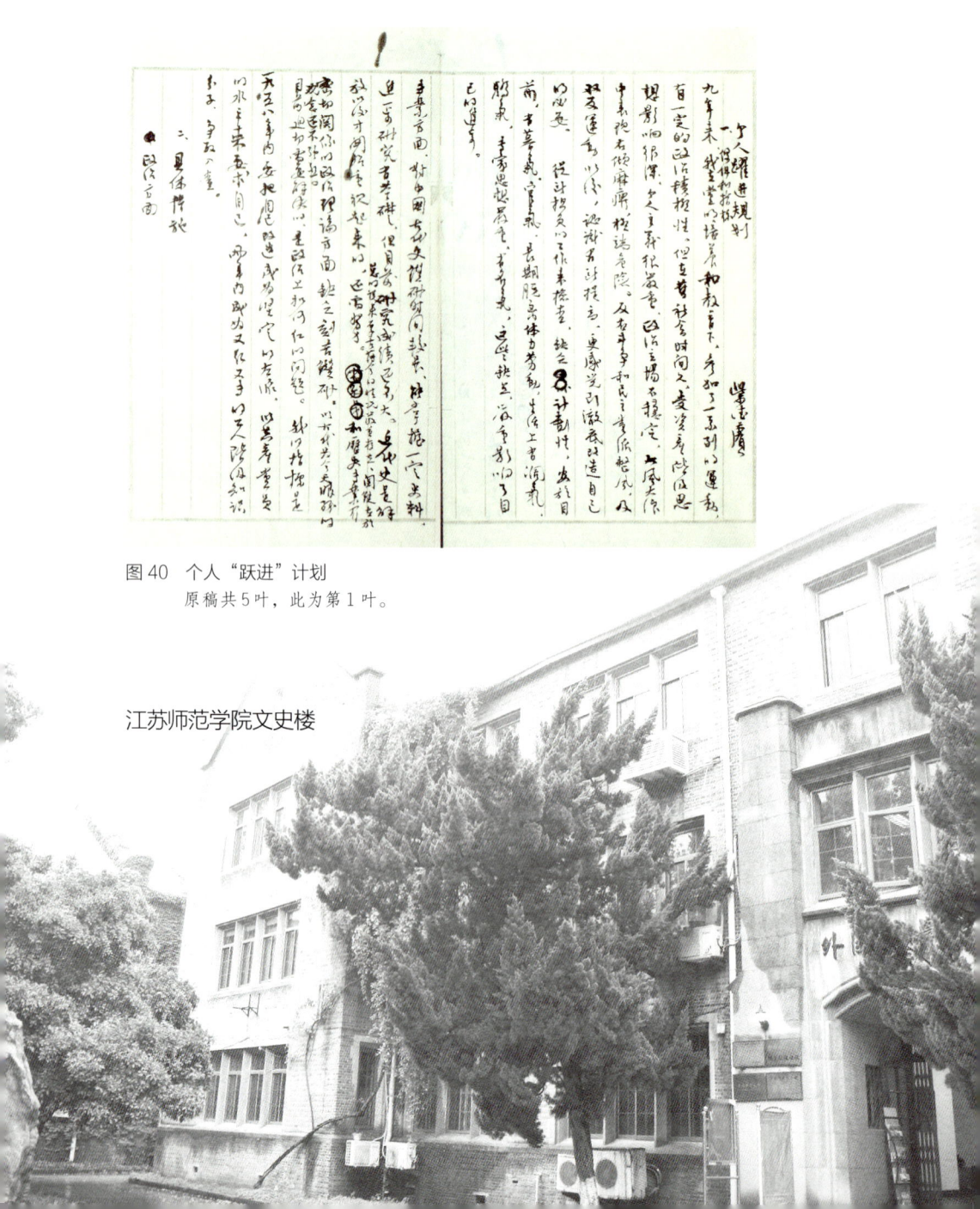

图 40　个人"跃进"计划
　　原稿共 5 叶,此为第 1 叶。

江苏师范学院文史楼

姑苏十六年 | 1955—1970

1959年江苏省政协拟增选柴德赓为常务委员，此为组织部门出具的鉴定书。（图41）

图41　1959年鉴定书
原件共4页，此为首尾2页。

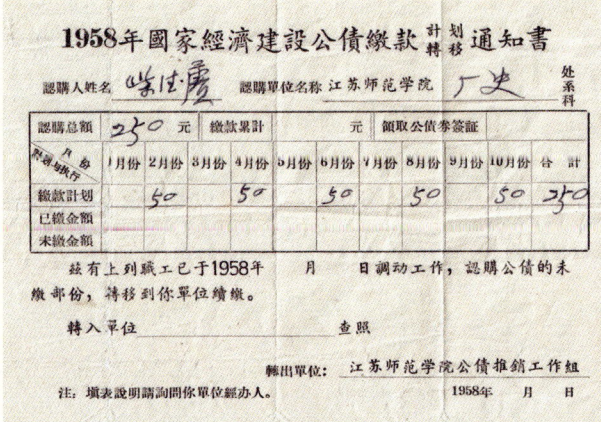

图42　1958年认缴公债表

图43　工会会员证
1958年颁发过两次证件，另外一个是公社社员证（未保存）。

1957年秋季，江苏师范学院历史系招收王健群、郭克煜、崔曙庭三名研究生，学习"中国历史要籍介绍"课程。（图44—图46）

图44　1957年崔曙庭听课笔记

图45　1959年拙政园合影
左起：王健群、柴德赓、郭克煜。

图46　1959年江苏师范学院历史系部分师生合影

民进苏州市委委员（括号内为出生年份）：

·程小青（1893）·范烟桥（1894）·周瘦鹃（1895）·陈涓隐（1897）
·蒋吟秋（1897）·顾公硕（1904）·谢孝思（1905）

图47　1959年合影
左起：谢孝思、柴德赓、范崇鑫、周瘦鹃、范烟桥。

图48　1962年柴德赓与程小青在颐和园苏州街

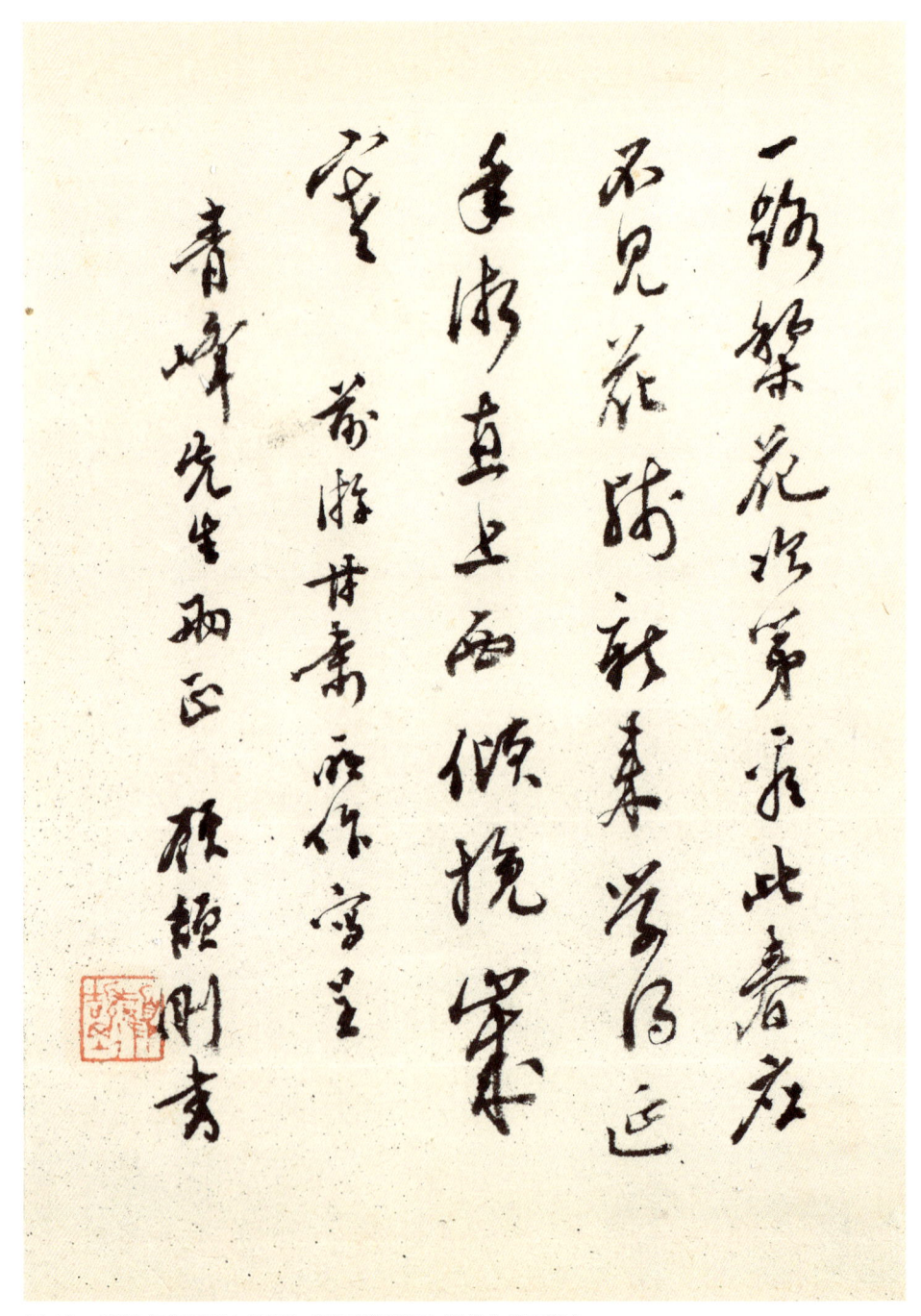

图49　1960年顾颉刚在苏州为《青峰草堂师友墨缘》册页题字

图 50　陈垣赠陈璧子的照片及照片背面附字

图 51　1958 年 12 月兴化寺合影
　　　左起：柴德赓、陈垣、丁浩川。

图 52　1957 年陈晶晶在江苏师范学院红楼

图 53　1961 年许春在与柴德赓在江苏师范学院钟楼

图 54　1958 年家庭照
　　从 1958 年起，每年至照相馆拍摄家庭照。

姑苏十六年 | 1955—1970　　173

图55　1961年10月在江苏师范学院合影
　　　左起：柴德赓、柴念东、柴立、谭景莹、陈晶晶。

图56　1963年照片
　　　陈璧子、王端、柴念东。

图57　1961年春节在苏州全家福

图58 民进中央江苏省代表团合影
　　　1960年民进中央在北京召开五届二次（扩大）会议。
　　　前排左起：胡颜立、柴德赓、吴贻芳、古楳、司晓南。

图59 1960年民进会议期间在民族饭店合影
　　　左起：柴君衡、柴德赓、陈璧子、柴令文、柴邦衡。

姑苏十六年 | 1955—1970

图60　1963年参加《中国历史小丛书》编辑委员会会议
会议由吴晗（中）主持，柴德赓（吴右手侧）。

图61　柴德赓与1963届北大历史系毕业生合影
1962—1963年柴德赓在北京大学历史系讲学一年。

1962年秋冬，陈垣病重，陈璧子从苏州至北京照顾，愈后在兴化寺合影。

图62　兴化寺合影
国泰照相馆摄。

图63　1963年3月26日陈垣与"金童玉女"（柴德赓、刘乃和）合影

1961年9月1日钱仲联在《光明日报》刊登《关于陆游和陆秀夫的新材料》一文，柴德赓于9月15日在《光明日报》发表《陆秀夫是否为放翁曾孙？》一文予以考证其关系。（图64、图65）

图64　柴德赓文

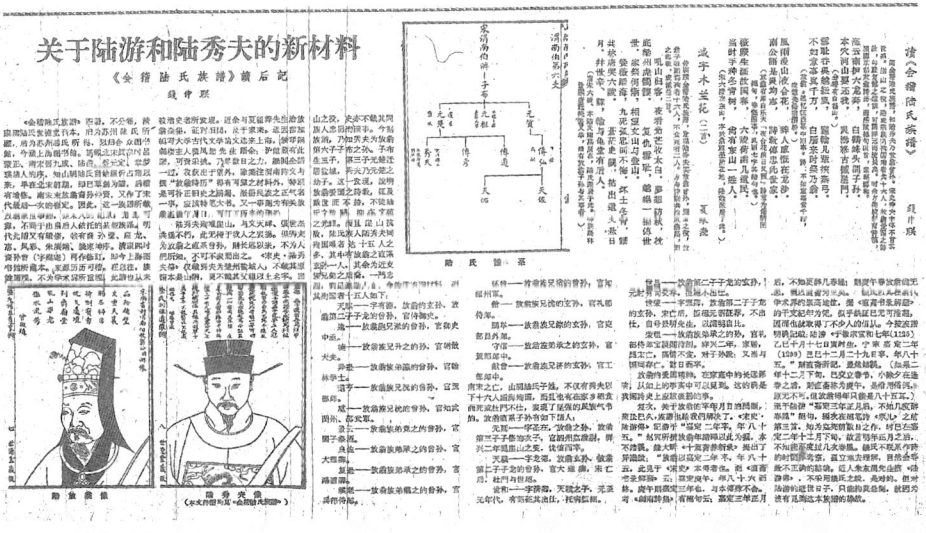

图65　钱仲联文

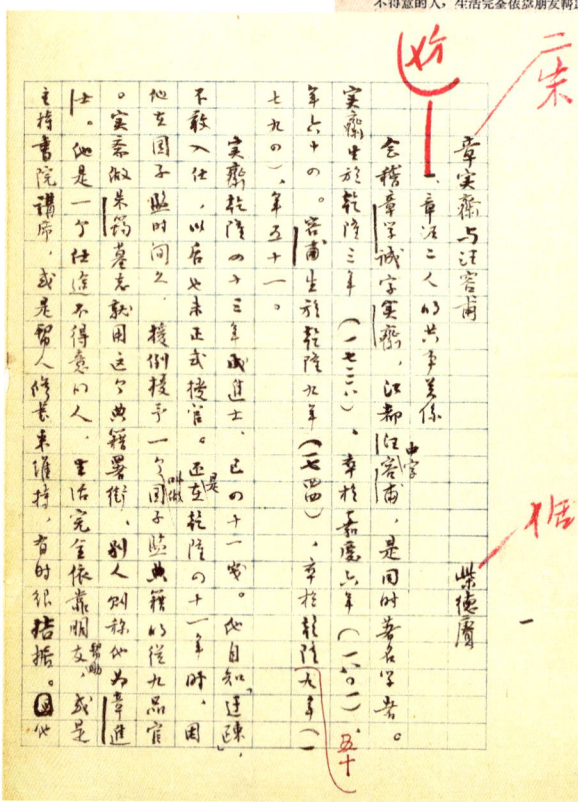

图66 《章实斋与汪容甫》抽印本和手稿
该文发表在1962年第5期《江苏师院学报》。
抽印本和手稿现由国家图书馆收藏。

从 1958 年起，中华书局就与柴德赓商谈《中国历史要籍介绍》一书的选题，后因故搁置。1962 年柴德赓到北京参加高等学校文科教材审定工作，此时中华书局决定签订出版合同，加快图书出版进程。（图 67、图 68）

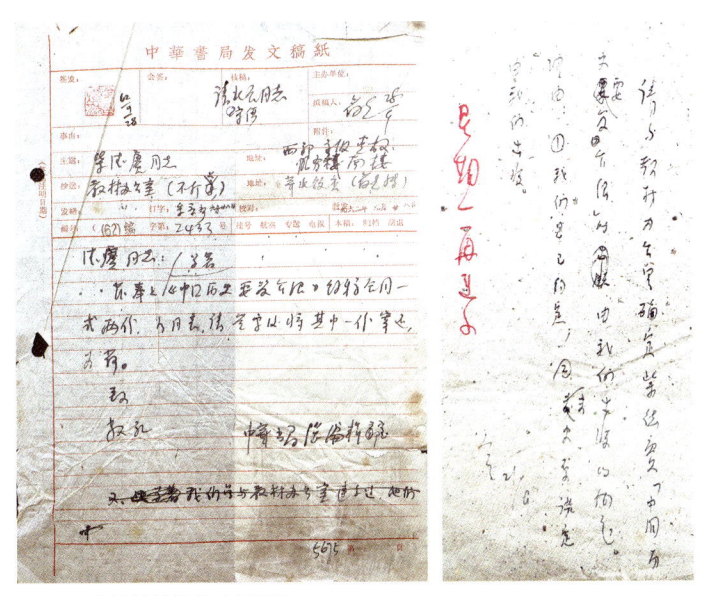

图 67　金灿然签发的出版通知
　　　　中华书局档案，原件由私人收藏。

图 68　柴德赓书稿《隋书》部分
　　　　现由苏州大学博物馆收藏。

1963年5月8日《光明日报》刊登柴德赓《试论章学诚的学术思想》一文,按照他写给陈璧子的家书介绍,这是自《鲒埼亭集谢三宾考》一文以来,用力最大的一篇文章。(图69)

> **试论章学诚的学术思想**
>
> 一
>
> 章学诚(1738—1801)是清朝乾隆、嘉庆年间一位史学家,以作《文史通义》八卷、《校雠通义》三卷著名的。他在当时是一位独树一帜的史学家。他虽然于乾隆四十三年(1778)中了进士,但没有做官,一直靠替人修书作幕客过活。虽然象安徽学政朱筠、湖北巡抚毕沅都很器重他,把他招致幕下;一时学者如邵晋涵、周永年、戴震、钱大昕、王念孙等都和他有些往还和接触,但他的声名还是不大。这是容易理解的,当时学者讲考据,学诚重议论,与当时风气不相适应。学诚所著如《文史通义》只在熟人中传钞,偶尔刊印几篇,正式刻板行世已在身后;象《和州志》《亳州志》《永清县志》多属未完之作,《湖北通志稿》又被人反对和删改;他自认为体大思精的《史籍考》看来亦未最后定稿,读到他著作的人很少,自然无从了解他了。学诚与当时学者如戴震、汪中、洪亮吉等论学每不相合,他对钱大昕、王念孙等虽然表示尊重,但钱、王的著作中不曾提章,甚至象袁枚这个人为章学诚所痛恨,而袁枚好象根本不知有这回事(可能是袁枚死后章才做文章骂他的),一句反驳的话也没有。有此诸因,当时学术界知道章学诚的人不多。嘉庆十年(1805)即学诚死后的第五年,唐仲冕刻《纪年经纬考》,道光初钱林作《文献征存录》,都把学诚的姓错成张字,这里也可以看出一些问题。
>
> 到了道光十二年,学诚的次子华绂在开封第一次刊印《文史通义》八卷、《校雠通义》三卷,学诚的著作才公布于世。道光末,《粤
>
> 300

图69 柴德赓论文(部分)

1963年柴德赓在中央高级党校教授"《资治通鉴》理论"课。柴德赓家书中也提及小册子和关于培养子女学习历史的问题。（图70—图72）

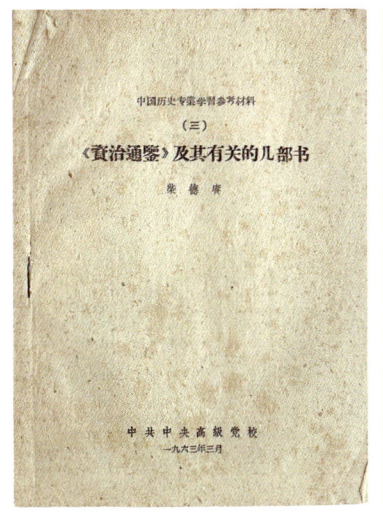

图70 《资治通鉴》讲稿小册子　　图71 1963年家书

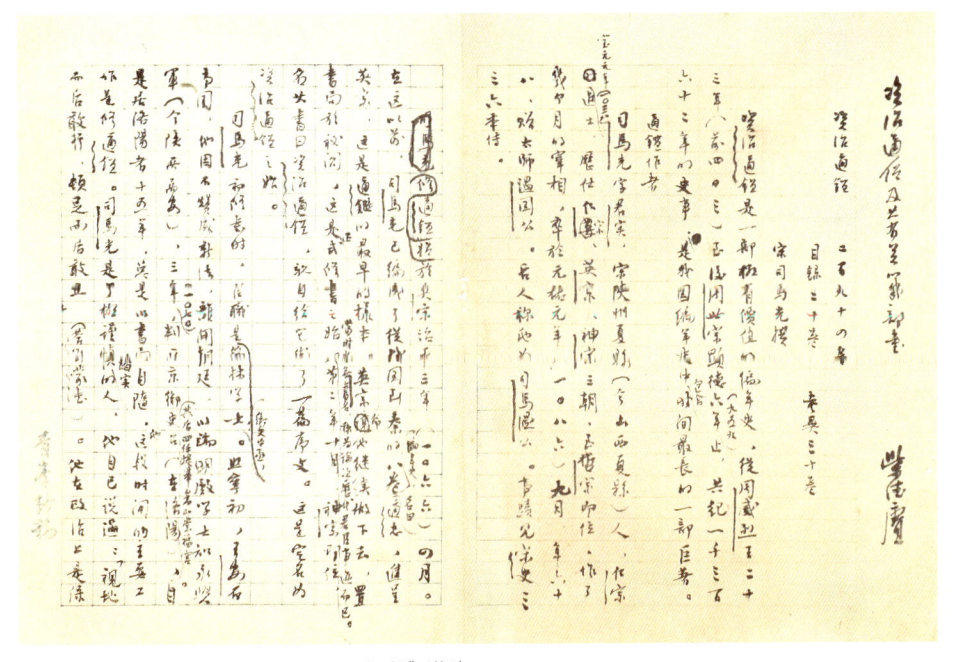

图72 《〈资治通鉴〉及其有关的几部书》讲稿

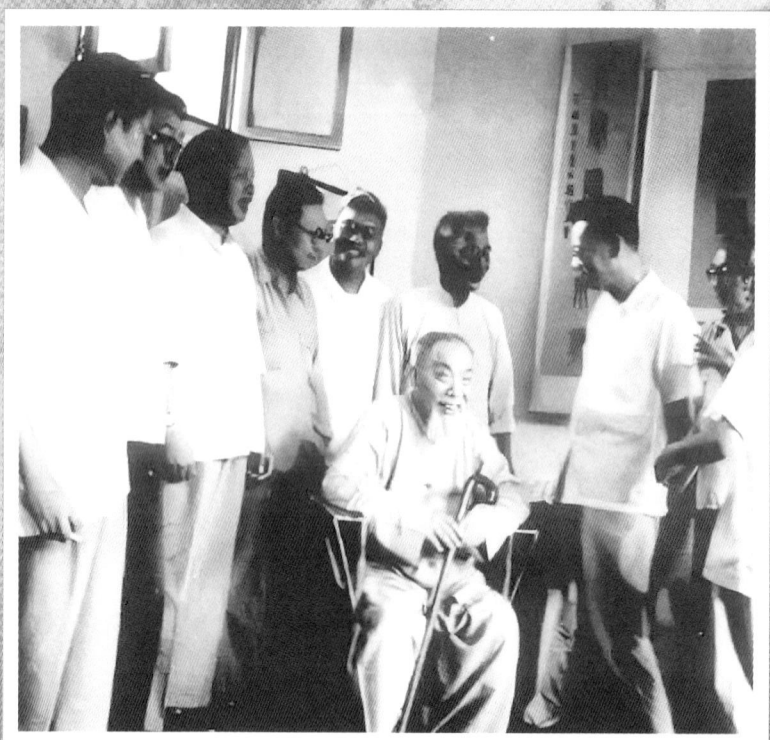

图73 1964年7月17日中华书局参加点校"二十四史"的专家看望陈垣
后排左起：王永兴、柴德赓、王仲荦、唐长孺、郑天挺、罗继祖等。

姑苏十六年 | 1955—1970　　183

图74　1963年合影
　　左起：柴德赓、陈垣、陈乃乾。

图75　"二十四史"校点工作座谈会会议纪录
　　柴德赓于次日抵达北京，参加点校《五代史》。

东官房故居

1964年4月至1966年6月，柴德赓参加中华书局"二十四史"点校工作，协助陈垣点校新、旧《五代史》。（图76、图77）

图76　《新五代史》点校底本同文殿本《钦定五代史》
现由苏州大学博物馆收藏。

图77　1965年7月2日《人民日报》刊载的柴德赓文章

柴德赓在苏州过云楼发现顾炎武信札6通，撰写《跋顾亭林致归元恭札墨迹》一文，发表于1965年10月香港《大公报》。（图78—图80）

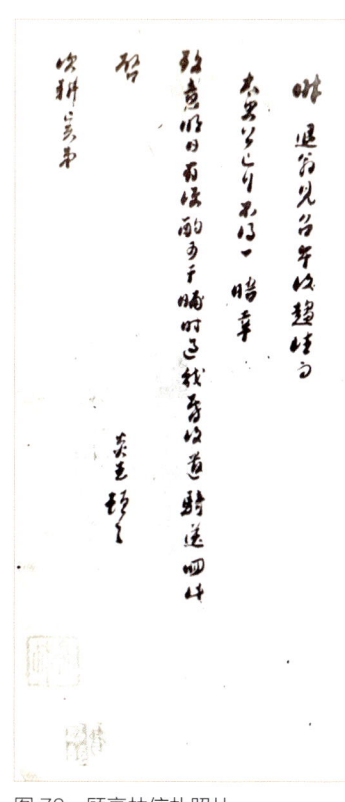

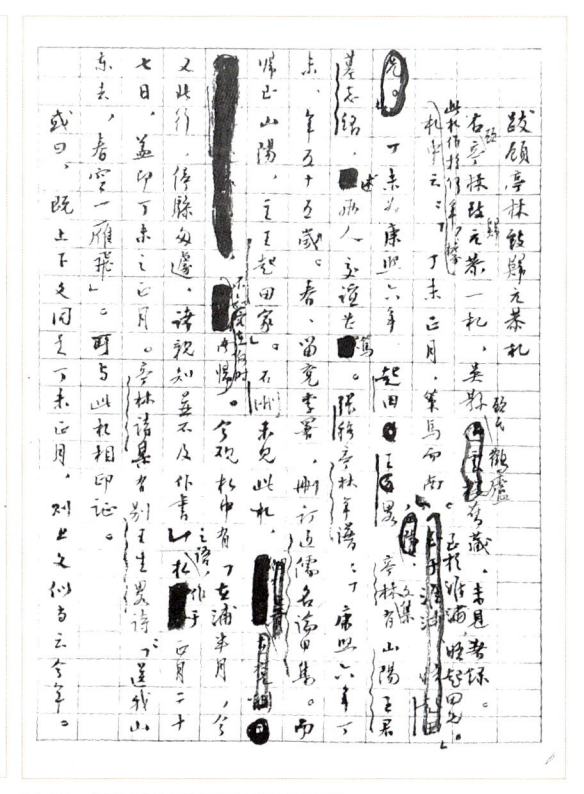

图78　顾亭林信札照片

图79　跋顾亭林致归元恭信札·文稿

图80　香港《大公报》刊载

1964—1965 年，应香港大公报社陈凡之约稿，柴德赓在《大公报》艺林副刊发表四篇文章。（图 81）

图 81　陈凡信札

图 82　1963 年 11 月在螺丝浜 7 号书房

图83　1964年8月2日《大公报》

图84　在螺丝浜8号工作照

图 85　1963 年 4 月与亲友在八大处

图 86　1965 年 5 月与顾蓓蒂在中山公园

图 87　1963 年 12 月虎丘合影
前排左起：柴念东、柴德赓、黄瑛、黄燕、黄炳然。

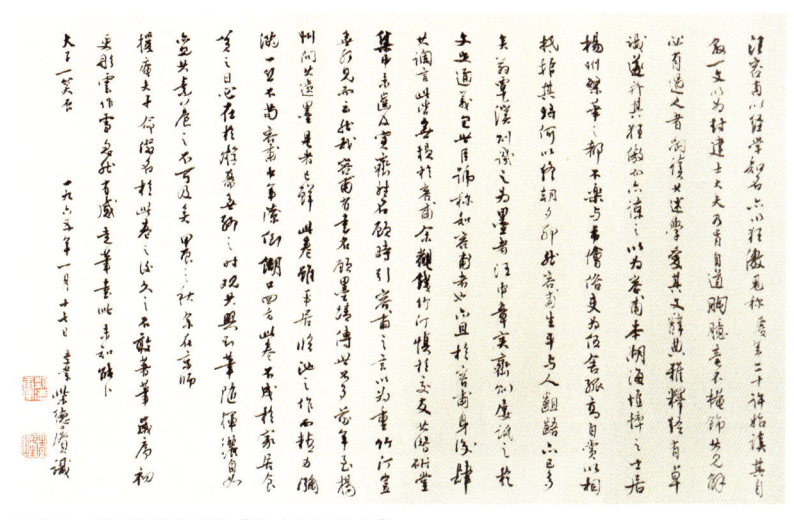

图88　柴德赓跋陈垣藏《汪中临圣教序》
　　　时启功、周祖谟各有尾跋同卷。现藏于首都博物馆。

图89　1965年6月励耘书屋合影
　　　前排：陈垣与柴德赓；后排左起：赖家度、许大龄、张润瑛、陈桂英、刘乃和。

1962年1月25日上海《文汇报》发表柴德赓文《蔡东藩及其〈历朝通俗演义〉》，同年12月，江苏人民出版社出版蔡东藩《前汉演义》一书，引用柴德赓文章作序言，题目改为《蔡东藩及其〈中国历代演义〉》。（图90、图91）

图90　《文汇报》刊载的柴德赓文章

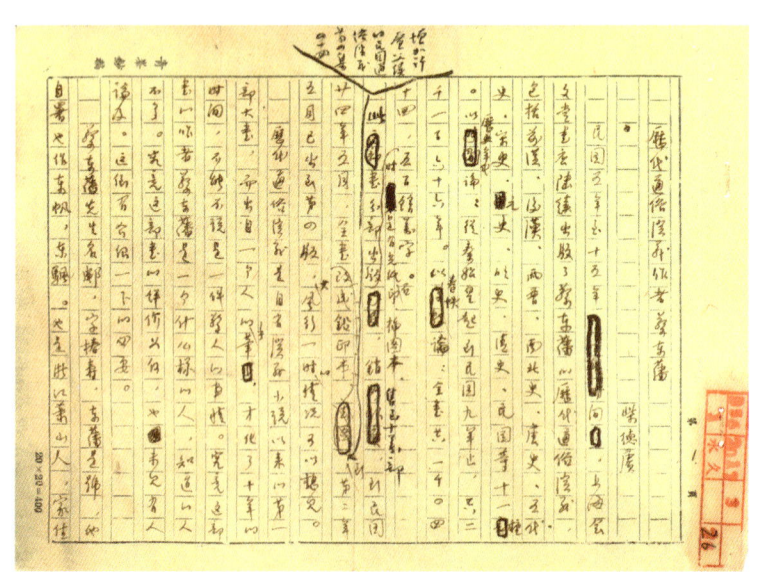

图91　柴德赓写蔡东藩文的手稿
　　　　现由苏州市档案馆收藏。

图92　蔡东藩《宋史通俗演义》　　图93　柴德赓生前所用笔洗

　　陶叔南（时任苏州市副市长）曾将自己所藏《民国通俗演义》赠柴德赓，以助其写文章。（柴德赓日记所记）（图92—图94）

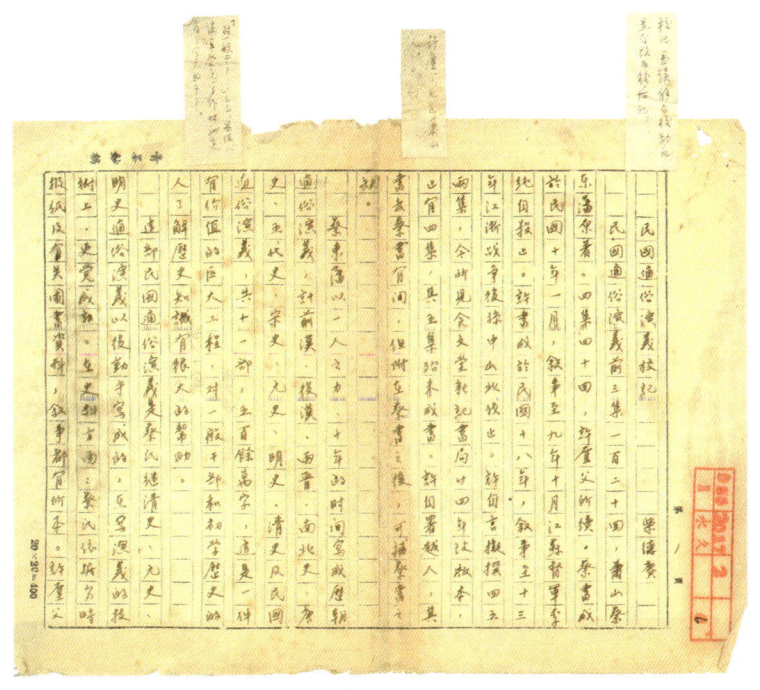

图94　柴德赓作《民国通俗演义》校记

1961年柴德赓多次登访灵岩山，寻找与灵岩寺有关弘储的史料，历时三年，终成此文。柴德赓将手稿呈给陈垣审阅，因故未发表。1981年柴德赓《史学丛考》文集收入此篇，首次发表，相距20年。（图95）

图95 论弘储文手稿
原稿共16叶，此为第1叶A面。现由苏州市档案馆收藏。

灵岩山灵岩寺

姑苏十六年 | 1955—1970　　193

1960年柴德赓撰写《论唐代苏州地区的经济发展》一文，后经改动，突出"以诗正史"，最后定题目为《从白居易诗文论证唐代苏州的繁荣》，并将稿件呈陈垣审阅。直到1979年该文才发表于《江苏师院学报》第1、2期。（图96—图98）

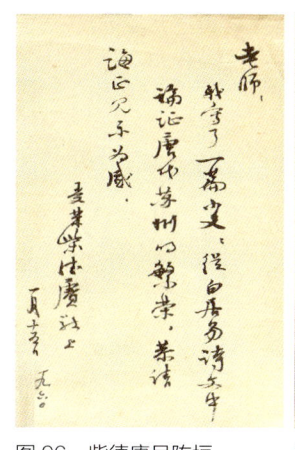

图96　柴德赓呈陈垣 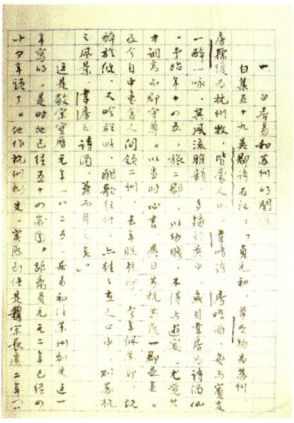　　图97　文章手稿

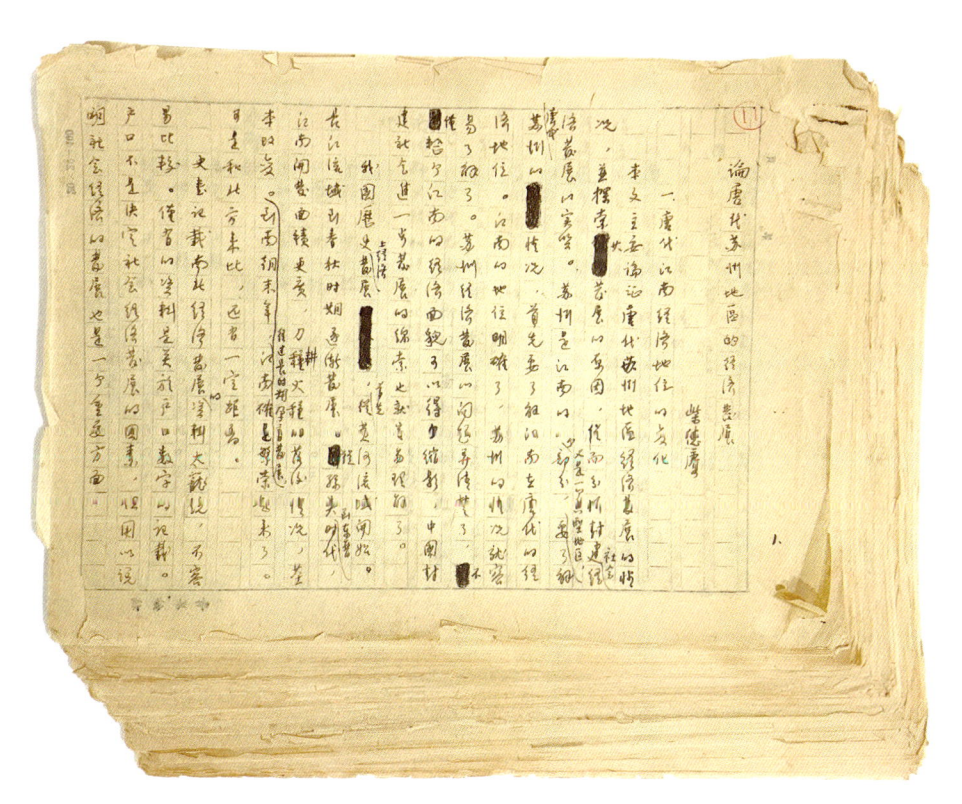

图98　《论唐代苏州地区的经济发展》手稿

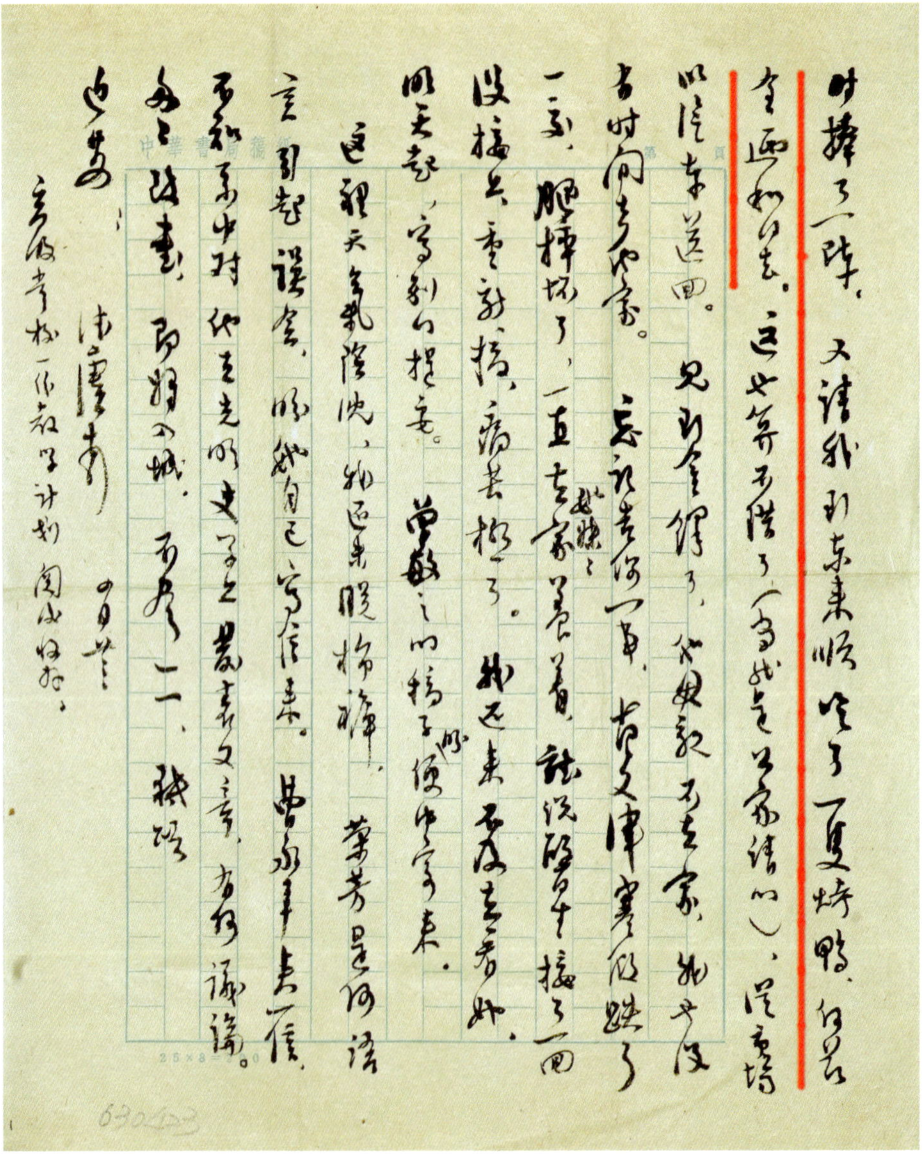

图99 1963年4月18日家书

1963年4月18日柴德赓在北京师范大学作"王鸣盛与钱大昕"学术报告，引起学术界轰动（前页家书中有提及）。一年后，柴德赓再度到北京师范大学协助陈垣点校新旧《五代史》，北京师范大学历史系约稿将其演讲撰成文字，拟发表在《师大学报》。稿成而未发表，直到1979年以《王西庄与钱竹汀》为题刊登在《史学史资料》第3期。（图101）

图100　柴德赓生前所用笔筒

图101　《王西庄与钱竹汀》手稿
　　　　现由苏州大学博物馆收藏。

图 102　1961 年陈璧子、柴德赓与学生合影　　图 103　1961 年周国伟与柴德赓合影

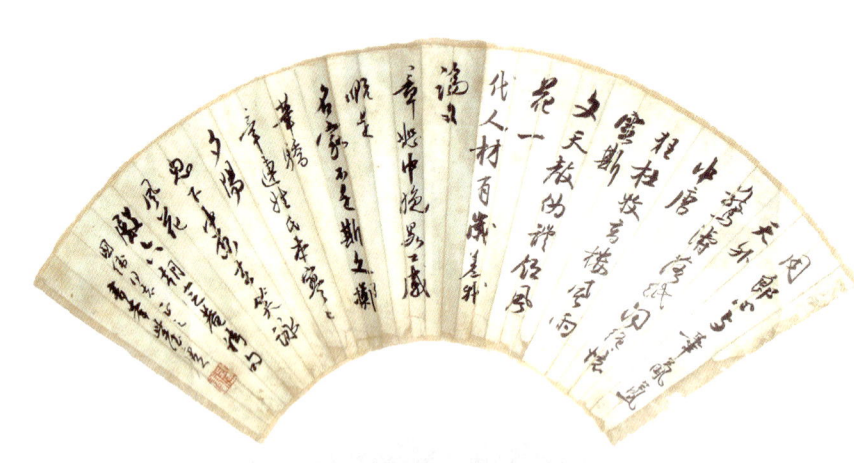

图 104　柴德赓赠周国伟的扇面

柴德赓旧居——螺丝浜 8 号楼

1965年柴德赓最后一次填写履历表，除了一般个人信息外，对历史问题、社会关系及家庭政治情况做了补充。1966年5月30日江苏师范学院打电报至北京师范大学，要求柴德赓回苏州参加运动接受批斗。（图105）

图105　1965年填写的履历表

1964年柴德赓为吴甡书写扇面，"文革"中因不忍其书法作品遭到破坏，吴甡撕掉柴德赓的署名，尚保存下来。后经北京师范大学图书馆修复。

"文革"中，柴德赓在交代问题之余，在旧笔记本上默写唐诗。（图106—图108）

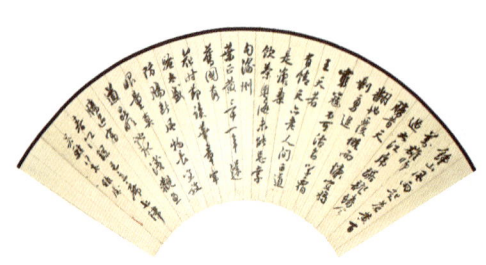

图106 吴甡保存柴德赓书写的扇面 现由苏州大学博物馆收藏。

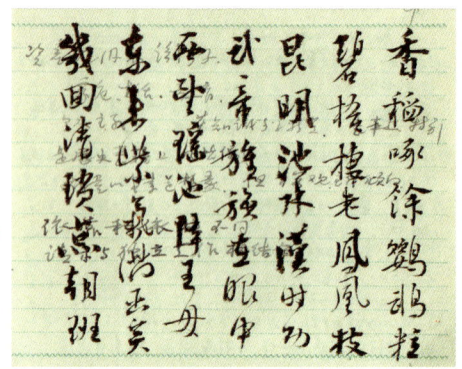

图107 笔记本上的唐诗

图108 柴德赓抄写批判他的大字报标题

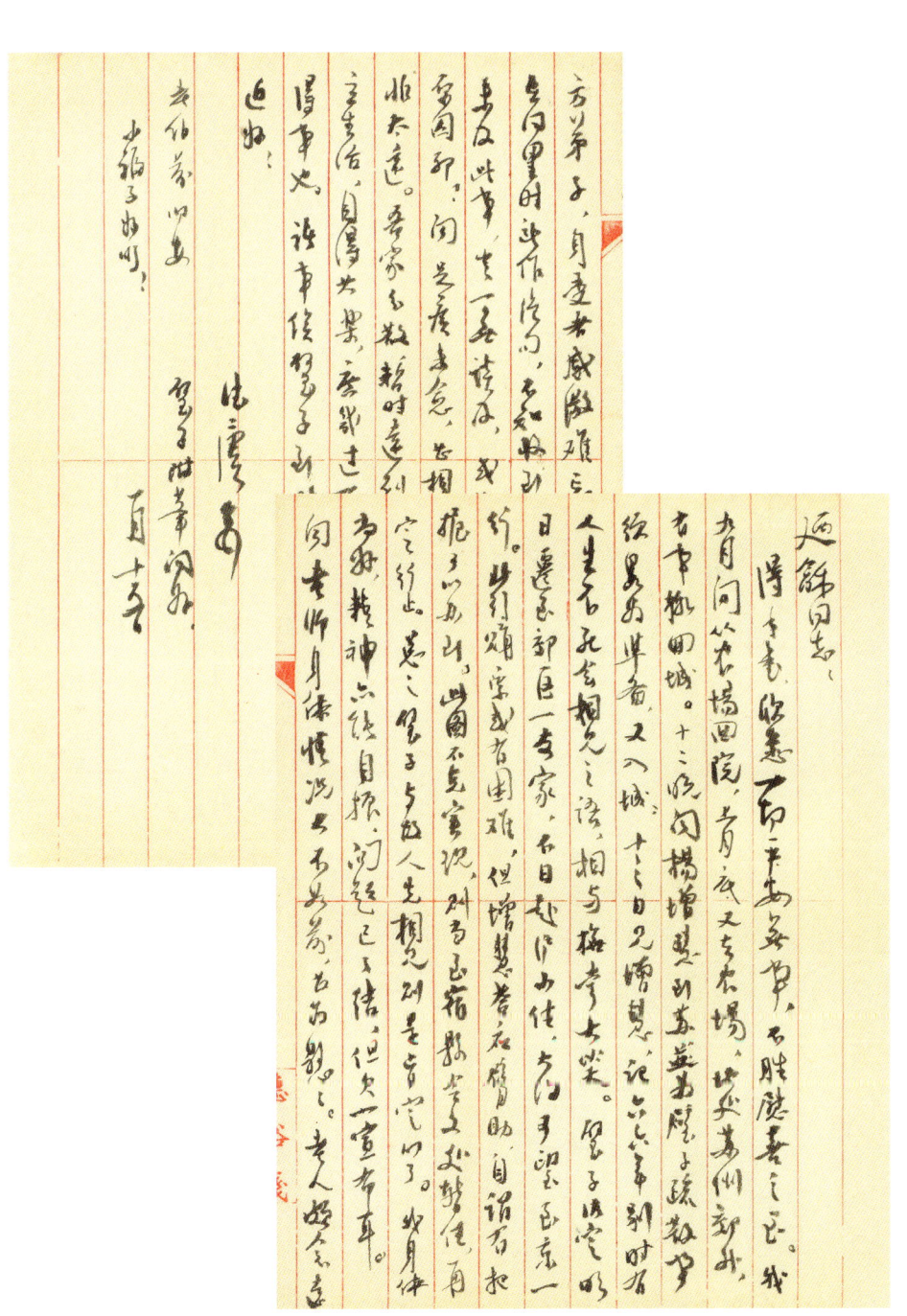

图109　1970年1月15日柴德赓写给刘乃和的信

此为柴德赓生前最后一通信，离去世还有8天。

柴德赓将自己所作诗抄录一集，取名《偶存草》，其中二首致陈垣诗札是1968、1969两年陈垣生朝时所作，因当时均在农场，单独邮寄不便，因此与致刘乃和信一起寄到北京。这也是能见到柴德赓的最后诗作和墨迹。（图110—图112）

图110 《偶存草》

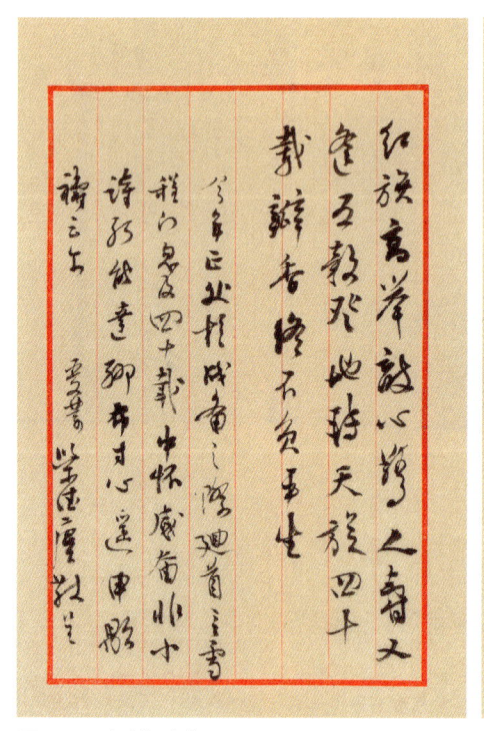

图111 致陈垣诗札一

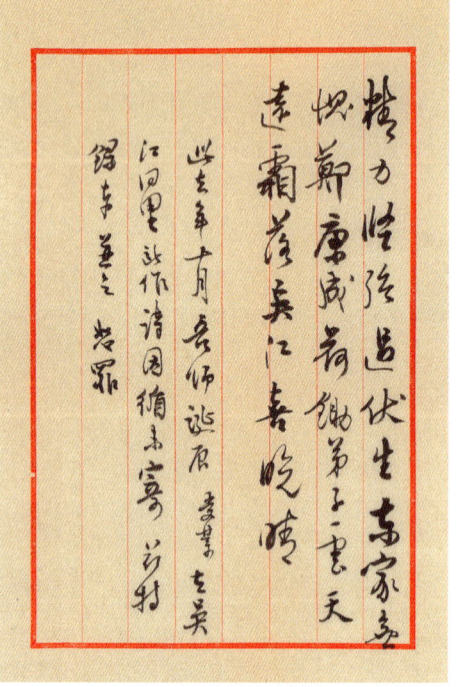

图112 致陈垣诗札二

柴德赓喜好购书、读书，一生积蓄都用来买书，并且都研读过，很多线装书均有眉批。他自订图书目录，线装书逾4000册。（图114）身后陈璧子将藏书先后捐赠给江苏师范学院、复旦大学和吉林省博物馆。

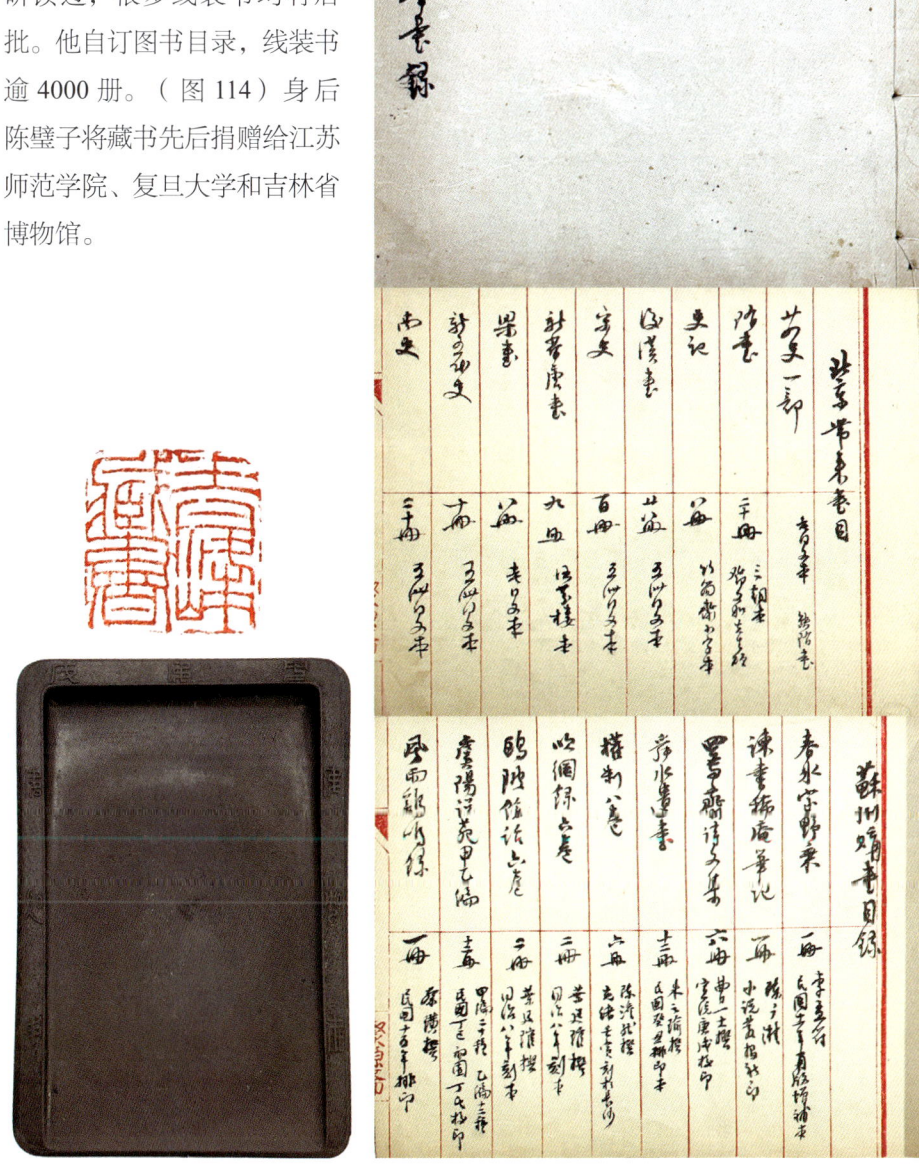

图113　柴德赓生前所用藏书章及砚台　图114　柴德赓自订的藏书目录

柴德赓去世当天，张梦白在现场，后写回忆文章记述当时的情况。柴德赓在推一辆独轮车时，失控撞在树上，摔倒再也没能站起。据当年抬简易担架（门板）的胡振民叙述，过尹山桥时已经没有生命体征。（图115、图116）

图115 独轮车

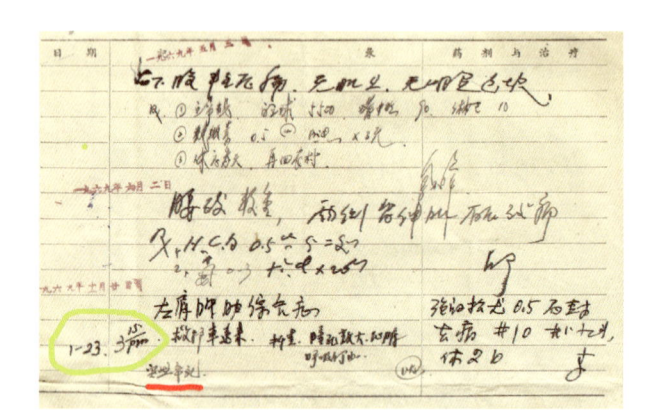

图116 1970年1月23日医院诊断书
苏州医学院第一附属医院诊断死亡原因为"突然猝死"。

尹山桥

第七章
身后有青峰（1970—2021）

江苏师范学院教学楼

尹山湖

柴德赓去世后，骨灰瘗于陈璧子学生王丽英家自留地（苏州胥门外小桥浜51号），直到1979年平反昭雪后移出。（图1）1986年陈璧子去世，1987年柴德赓、陈璧子合葬于北京八宝山人民公墓，刘乃和题写墓志，启功书丹（见本书最后一页图）。

图1　陈璧子在小桥浜柴德赓墓前

柴德赓去世后，陈璧子一直为柴德赓的问题奔走，多次赴苏州找当时的负责人，要求给家属一个政治结论及善后处理意见。（图2）

图2　1973年11月所写申诉书
共计20页，由柴邦衡抄写。

陈垣去世之前一直没有告诉他柴德赓已经去世。1971年6月25日陈垣去世后，陈璧子在八宝山骨灰堂悼念。（图3）

图3　陈璧子悼念陈垣

刘乃和得知柴德赓去世，在台历上写下悼念诗一首。20年后给邱瑞中讲到柴德赓去世经过，翻开台历仍落泪不止，泪渍沁纸。（图4、图5）

←泪渍

图4　刘乃和台历

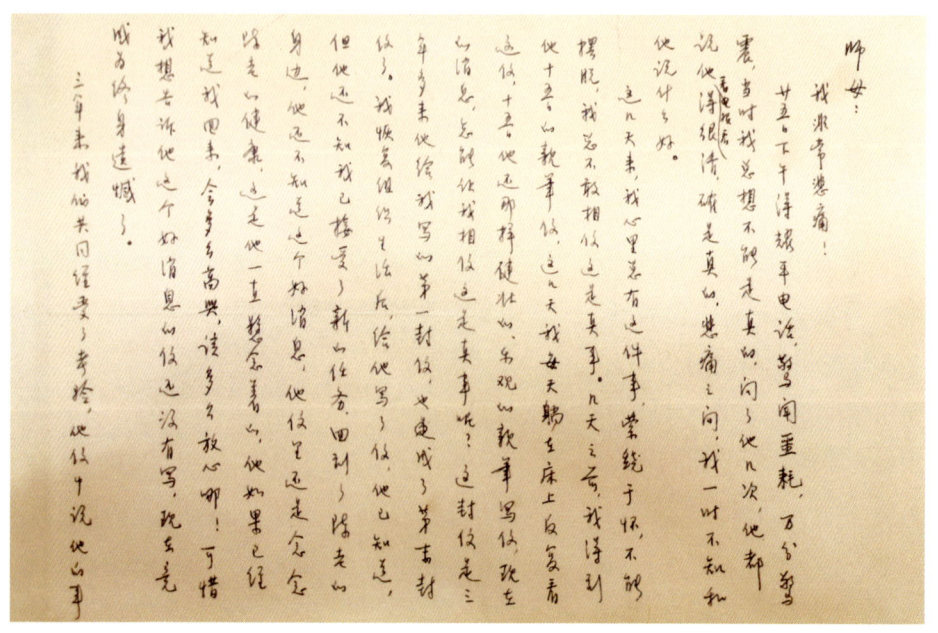

图5　刘乃和书信手稿

刘乃和收到柴德赓1970年1月15日信后几日，得到柴德赓去世噩耗，给陈璧子的信。

1979年5月23日,"柴德赓同志追悼会"在江苏师范学院大礼堂举行。7月12日《新华日报》予以报道。(图6—图9)

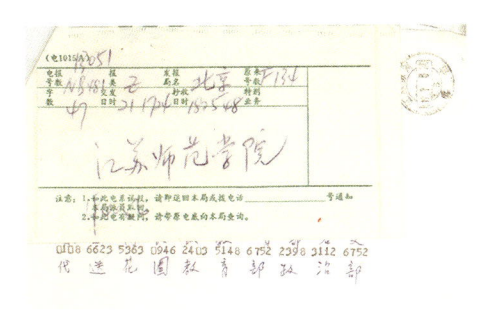

图7　追悼会唁电

大会的唁电、文稿现由苏州市档案馆收藏。

图6　1979年7月12日《新华日报》

图8　陈璧子在追悼会上

图9　追悼会现场

柴德赓《资治通鉴介绍》1981年由求实出版社出版（图10），刘乃和撰写前言。2010年由中共中央党校出版社再版（图11），瞿林东撰写前言。

图10 1981年《资治通鉴介绍》

图11 2010年《资治通鉴介绍》

柴德赓《史籍举要》1982年由北京出版社出版，许大龄撰写序言；2011年再版，袁行霈撰写序言。2015年商务印书馆出版修订本。该书由江苏师范学院历史系毕业生许春在、邱敏、吴天法根据《历史要籍介绍》讲稿和书稿整理而成，1987年获国家教育委员会优秀图书奖。（图12、图13）

图12　荣誉证书

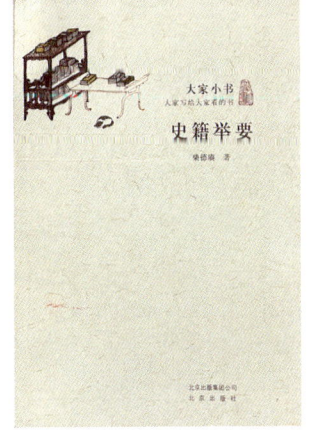

图13　三个版本的《史籍举要》

柴德赓《史学丛考》论文集 1982 年由中华书局出版，收入论文 27 篇，刘乃和作序。原定书名为《青峰史学论文集》，均由启功题写书签。2017 年商务印书馆出版增订本，增加 6 篇论文。（图 14—图 16）

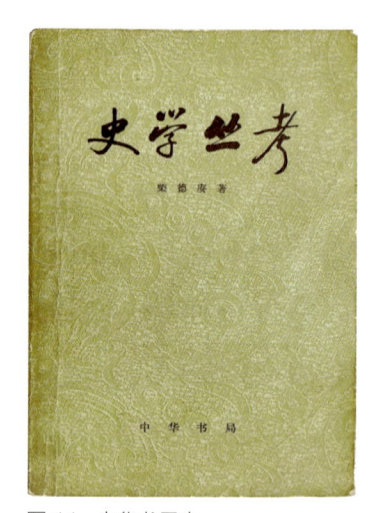

图 14　中华书局本

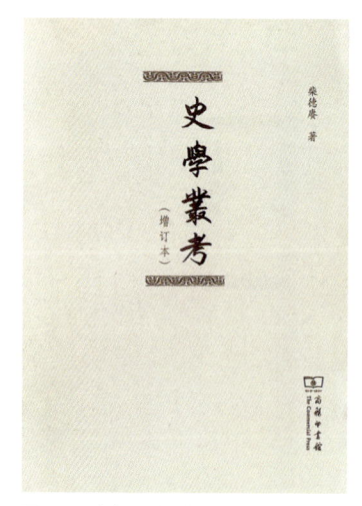

图 15　商务印书馆增订本

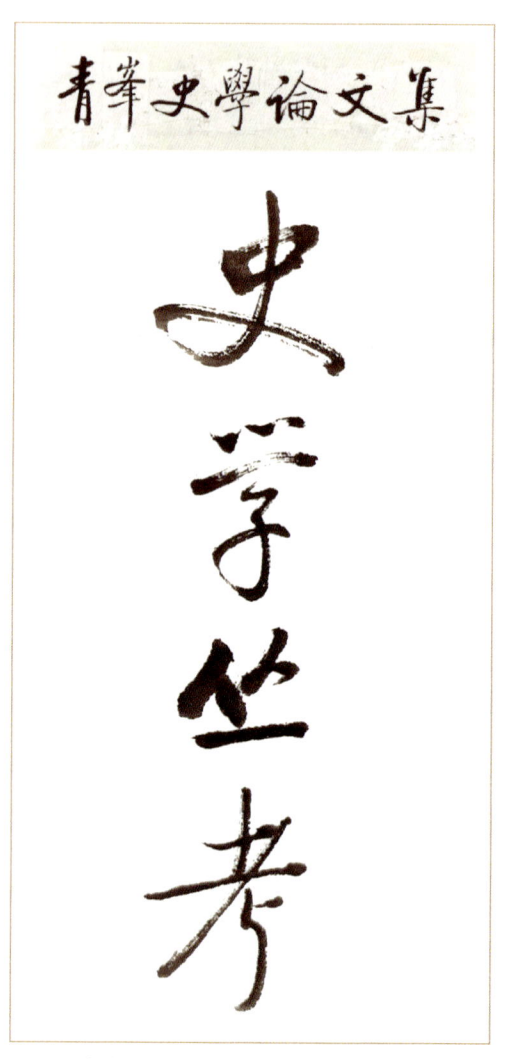

图 16　启功题签两幅

1988 年 8 月 17 日，江苏省召开柳诒徵、邓之诚、吕思勉、柴德赓、陈恭禄、缪凤林六位江苏籍和在苏工作的历史学家纪念会。（图 17）

1992年《青峰学记》由江苏省文史资料编辑部出版，收入 1988 年纪念柴德赓诞辰 80 周年文章近 60 篇。（图 18、图 19）

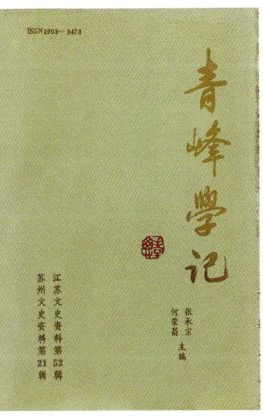

图 17　六位历史学家纪念会

图 18　《青峰学记》

图 19　柴德赓诞辰 80 周年纪念座谈会
　　1988 年 10 月 21 日民进中央在北京举办，会上启功发言。

图20　1988年印纪念册，1998年印书法选

图21　启功为纪念册撰写的书跋

青峰草堂

首页　史学大家　出版书籍　书法墨缘　纪念文章　亲属后代　照片影集　手稿日记书信　苏大博物馆

北京师范大学 1 2 3

柴德赓教授

柴德赓，字青峰。浙江诸暨里亭人。生于清光绪三十四年九月初六日（1908.9.30）。四岁入私塾，以《四书》开蒙。十一岁习《古文观止》，始发国文兴趣。高小及初一就读萧山临浦小学，遇蔡东藩亲授文史，深喜掌故，萌发史学志向。1923年秋入杭州私立安定中学，越二年考取浙江省立第一中学高中文科，期间发奋学习，热心革命，被推为杭州学生联合会代表。1928年参加中国国民党，毕业后脱离关系。

1929年夏考入北平师范大学史学系，师从陈垣、邓之诚等师。因学业突出，得陈垣器重，所撰论文《明季留都防乱诸人事迹考（上）》被荐载于本校……

及时在线
Chai Niandong

网站公告
没有该项信息！

最新更新

★柴念东——柴德赓生前最後一通…
柴念东书法——千字文
《青峰学志—柴德赓先生110周…
苏子—一份"温水煮青蛙"的真实…
张建安——抗战胜利前后的辅仁师…
★俞宁——逃婚记——君怜天下父…
《柴德赓年谱长编》——在线修订…
柴德赓先生手稿入藏京师文库
陈晶——《柴德赓年谱长编》代序
《史学丛考》增订本后记
★柴德赓历史教育思想探析
★台静农自台北致柴德赓书
★關於柴德赓婚姻二三事
我對於沈兼士先生的認識
★天荒地老我还来-白沙纪行
陳璧子1952年履历表
周国伟亲属捐赠古籍，明刻本《隨…
《柴德赓点校新五代史》编辑手记
柴德赓铜像在苏州大学文科大樓落…
白沙国立女子师范学院照片

《书目答问补正批注本》编后记
柴念东批注本《书目答问补正》即…
刘家和——《王西庄与钱竹汀》V…
赵宇翔——柴德赓与"章黄学派"…
朱万章——鉴定家与历史学者的师…
★柴念东——《更將何語解天亡》…
★柴德赓全集总目录
柴德赓诞辰110周年学术研讨会
★柴念东——柴德赓之死
陈垣书《通鉴胡注表微》手卷
方介堪为青峰治印一对
★四翰林書文擋臺 文史學問…
★柴念东——辅仁大学"陈门四翰…
★《史籍举要》修订本后记
柴德赓1968年"清队"时写的…
"陆墓"还是"陆幕"？
鼓发觉陈垣校长《中国史学名著评…
周国伟家属捐赠《二十四史》古籍…
《青峰草堂来往书札》出版
绝世惊艳——顾随先生手札赏析

推荐文章

★柴念东——《更將何語解天亡》…
柴德赓与中国史学史研究
先父的治学精神和治学方法催我奋…
书法大师沈尹默——书法艺术赏析
陈垣和陈门弟子
柴德赓先生传略
看启功大师兄柴德赓先生的书法

柴德赓先生的史学成就和风格
书法大师启元白——绘画艺术赏析
陈垣先生的学识
书法大师张宗祥——书法艺术赏析
惊艳柴德赓字
柴德赓书法——立轴8幅
柴德赓书法--手稿札记之一

图22　柴德赓纪念网站 www.chaidegeng.cn

2007年11月7日苏州大学举办"柴德赓诞辰100周年"纪念活动，举行纪念会、学术报告会、展览会和出版《百年青峰》一书，史树青题写书名。（图23—图25）

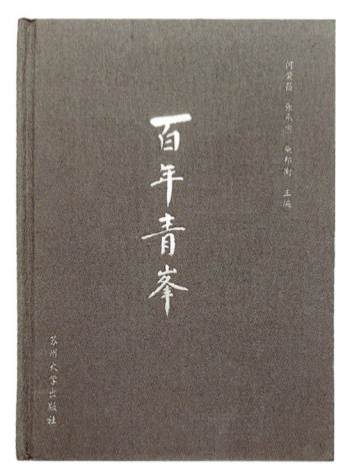

图23 《百年青峰》

图24 百年诞辰纪念会现场

图25 苏州大学纪念会朱秀林和柴邦衡、王卫平交谈。

柴德赓诞辰 100 周年相关活动现场图。（图 26—图 29）

图 26　陈祖武、柴邦衡、李汉秋观看展览

图 27　学术报告会

图 28　秦鹤鸣、杨巩观看展览

图 29　生前藏品展览会

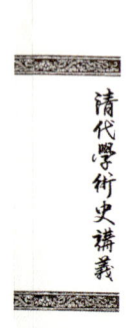

2013年商务印书馆出版柴德赓《清代学术史讲义》，7月20日在北京师范大学历史学院召开学术座谈会，陈祖武、刘家和等40位专家、学者出席座谈会。（图30—图32）

图30 《清代学术史讲义》

图31 陈祖武与刘家和在会议上

图32 学术座谈会现场

2007年系列纪念柴德赓活动之后，苏州大学成立了柴德赓研究所，2013年起正式开展柴德赓遗著、遗稿、日记和其他文献档案资料的整理和出版工作。（图33、图34）

图33 苏州大学柴德赓雕像
矗立于苏州大学校园。这是2015年乌克兰艺术家在雕塑。

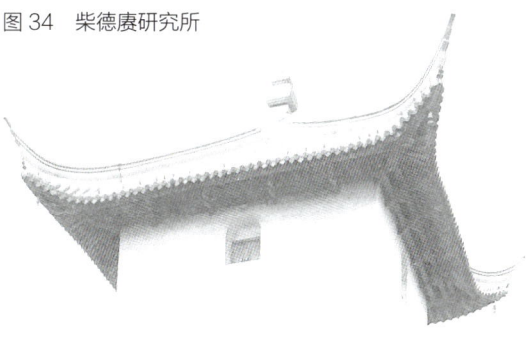

图34 柴德赓研究所

方塔

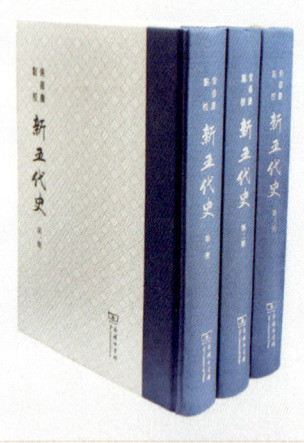

图35　精装本及线装影印本《柴德赓点校新五代史》
2014年商务印书馆出版。

图36　《柴德赓点校新五代史》新书发布会合影
前排左起：于殿利、邱居里、陈祖武、瞿林东、刘家和、柴邦衡、陈智超、田小明；二排左起：丁波、丁义珏、侯德仁、李帆、曹永年、张承宗、柴念东、杨立新、陈尚君、陈小文；三排：关永礼。

2014年6月29日商务印书馆和苏州大学联合主办《柴德赓点校新五代史》新书发布会暨《柴德赓全集》启动仪式在商务印书馆举行。北京师范大学、内蒙古师范大学、复旦大学和苏州大学有关专家出席会议。（图37—图39）

图37 《柴德赓点校新五代史》底本

图38 陈祖武谈点校本释文问题

图39 新书发布会现场
　　左起：田晓明、柴邦衡、刘家和、于殿利。

2018年《柴德赓来往书信集》由商务印书馆出版，共收录信札470余通。（图40—图42）

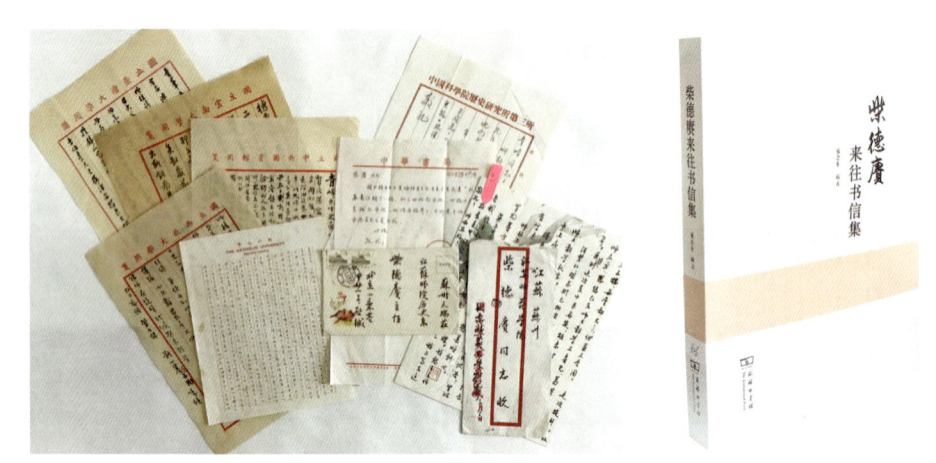

图40　信札原件

图41　《柴德赓来往书信集》

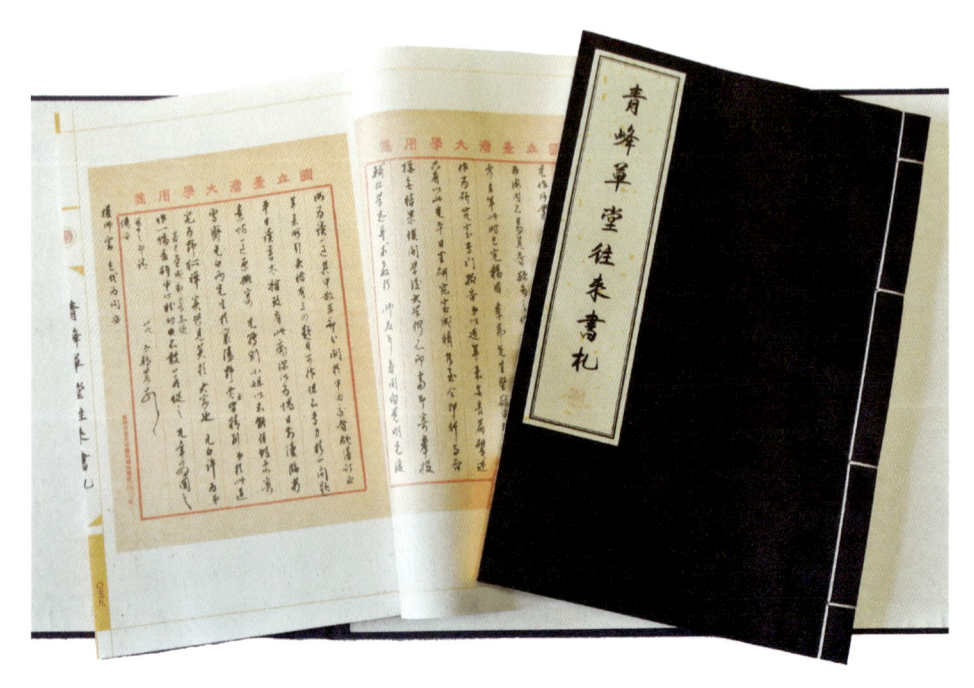

图42　2016年商务印书馆出版《青峰草堂往来书札》

2018年11月4日北京师范大学和苏州大学联合在北京举办柴德赓诞辰110周年学术研讨会暨《柴德赓全集》学术委员会议，近50位专家、学者参加。2019年8月商务印书馆出版会议论文集《青峰学志》。（图43、图44）

图43 《青峰学志》

图44 柴德赓诞辰110周年学术研讨会
　　前排右起：杨共乐、柴令文、陈智超、刘家和、陈祖武、于殿利、柴邦衡、余同元。

2020年7月商务印书馆出版柴德赓批注本《书目答问补正》,并将柴德赓整理的两部《姓名录》作为附录。

图45 柴德赓批注本《书目答问补正》

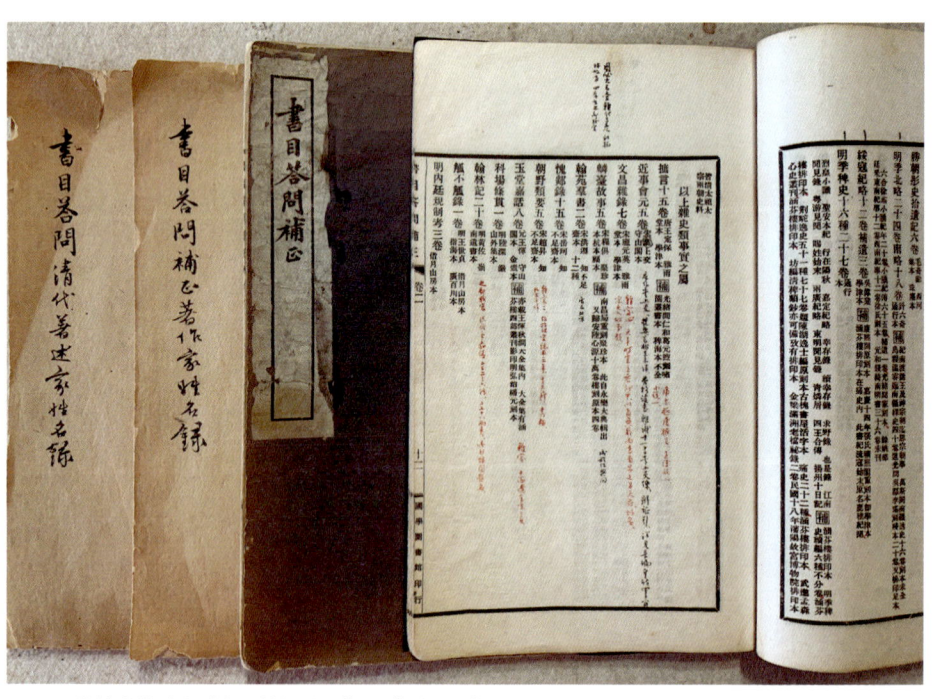

图46 柴德赓批注本《书目答问补正》和《姓名录》底稿
现由北京师范大学图书馆收藏。

2016 年商务印书馆根据柴德赓《宋辽金元史讲稿》影印出版线装本，2021 年出版《宋辽金史讲义 资治通鉴介绍》合编本，其中《讲义》部分为前书的释文，《介绍》部分为修订本，并以柴德赓宋史札记作为附录。（图47、图48）

图47 《宋辽金史讲义 资治通鉴介绍》

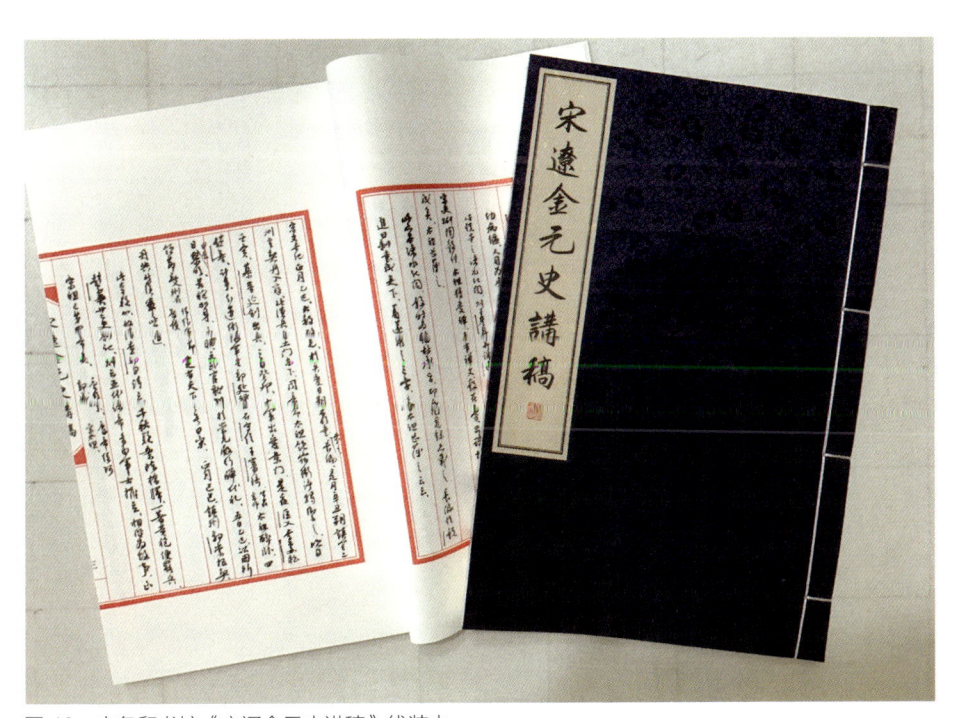

图48 商务印书馆《宋辽金元史讲稿》线装本

2010年1月柴邦衡代表后代向苏州大学博物馆捐赠柴德赓生前物品263件，包括名人字画、册页、手稿、信札等。2015年周国伟家属将柴德赓生前所赠阅书籍二十四史（线装本）等书875册捐赠给苏州大学博物馆。此后柴家后代陆续又有藏品及出版物捐赠。（图49、图50）

图49　苏州大学颁发的证书一

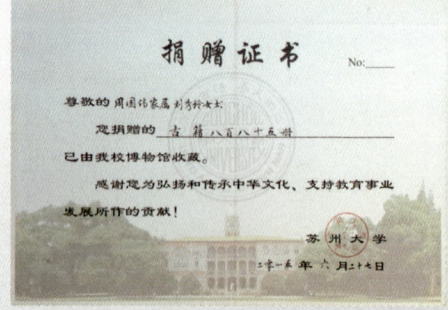

图50　苏州大学颁发的证书二

苏州大学博物馆

2016年和2017年，柴念东代表后代向国家图书馆捐赠柴德赓书稿（2种9册）、手稿（8种86件）。（图51—图54）

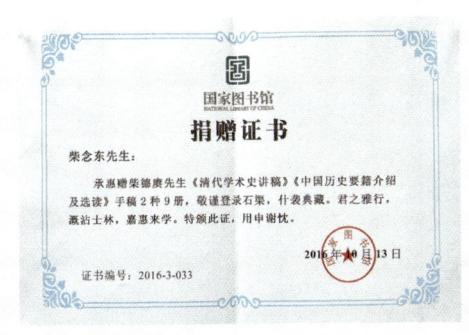

图51　国家图书馆颁发的证书一

图52　国家图书馆颁发的证书二

图53　2016年柴令文及亲属观看捐赠品

图54　2017年柴邦衡及亲属参加捐赠仪式

2017年柴念东代表后代向苏州市档案馆捐赠柴德赓生前手稿、信札等物品83件，相册2本，另有照片50张。（图55）

图55　苏州市档案馆证书

身后有青峰 | 1970—2021　　227

致　谢

自 2018 年 11 月以来，著名历史学家柴德赓教授的后代柴念东等人多次向北京师范大学图书馆捐赠珍贵图籍，包括：柴德赓《书目答问著作家姓名录》稿本一册、《书目答问补正著述家姓名录》稿本一册、柴德赓批校《书目答问补正》二册、柴德赓抄《陈援庵先生著作分类目录》一册、陈垣签赠《元西域人华化考》一册、柴德赓《采桑子》书法立轴、刘乃和"纪念五四运动 70 周年"书法立轴、柴德赓《历史系学期工作总结提纲草案》手稿、陆思德致柴德赓便邮、萧璋致柴德赓函、辅仁大学 1948 年校友返校节同人题名卷（复制品）。我馆号召全校师生对这些图籍合理利用，深度开发，并向柴念东先生及其家人深致谢忱！

北京师范大学图书馆
2020.12.9

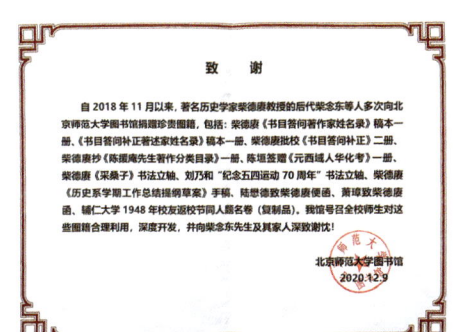

图 56　北京师范大学图书馆证书

图 57　向北京师范大学赠书仪式
　　左起：李书宁、柴念东、王琼、杨建、萧亚男。

北京师范大学图书馆名师墙

2021年10月22日至23日，《柴德赓全集》审定、编校工作会在苏州大学召开，各地的专家学者和商务印书馆一道讨论全集审定编校工作。（图58、图59）

图58　专家、学者参加讨论会

图59　《柴德赓全集》审定及编校人员合影
　　　　前排左起：鲍海燕、侯德仁、王玉贵、黄鸿山、李峰、柴念东、王希、吴建华、韩益民；
　　　　后排左起：王江鹏、李永玲、吕秀凤、方美美、范莉莉、崔燕南、王晗、丁义珏、石云生。

身后有青峰 | 1970—2021　229

图60　1958年柴令文（北师大学生）

图61　1955年柴邦衡（清华学生）

图62　1963年柴君衡（北大学生）

图63　1964年10月北京同和居饭庄合影
前排左起：柴念东、柴立；二排左起：谭景莹、陈璧子、李定艺、柴德赓、章诒学；后排左起：陈伯君、柴祖衡、柴君衡、王金铎。

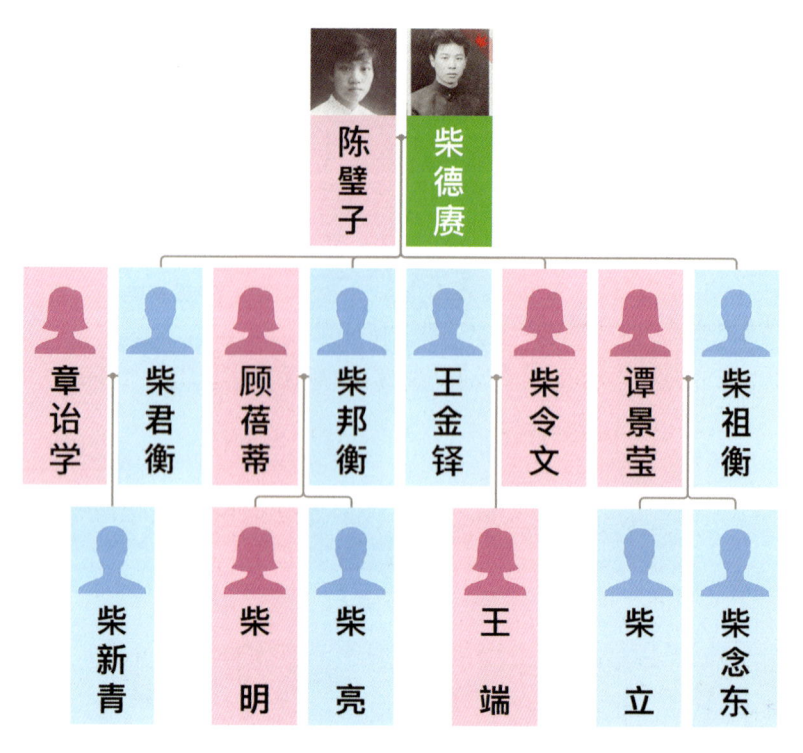

图64　1971年柴德赓家族谱系

图65　1983年合影
　　前排左起：柴佳艺（柴明）、柴亮、王端；后排左起：柴立、柴新青、柴念东。

苏州大学（独墅湖校区）柴德赓塑像

子师范学院、北京辅仁大学、江苏师范学院教授,中国民主促进会中央委员、江苏省政协常务委员、苏州市人民委员会委员。著有《史籍举要》、《史学丛考》等书。

陈璧子,湖南湘潭人。早年在家乡参加革命,后任四川白沙国立女子师范学院附属中学、北京第三十九中学教师。一九六五年退休,一九八一年按规定定为离休。

刘乃和撰 君功书

柴德赓、陈璧子墓志(北京八宝山人民公墓)